働けるうちは働きたい、人のためのキャリアの教科書

How to make a career
to keep working
for years

木村 勝
Masaru Kimura

朝日新聞出版

プロローグ

□「このまま何の疑問も持たずに会社の敷いたレールの上を歩んでいいのだろうか？」
□「年を取って会社との縁が切れたら自分は何をして稼いでいくのか？」
□「親の介護をしながら、今のキャリアを継続できるのか？」
□「役職定年で年収はいくらになり、定年再雇用では年収はどこまで下がるのか？」
□「これからも毎日朝晩、満員電車に乗り続ける人生で本当に後悔はないか？」
□「年長者にも容赦ない年下の上司と果たしてうまくやっていけるのか？」

「ワークライフバランス」「長時間残業の禁止」「プレミアムフライデー」など、毎日のようにビジネスパーソンの働き方に関するニュースがテレビ、新聞紙面を賑わせています。

また、経済の活発さを示す指標の一つである有効求人倍率も、２０１６年平均は25年ぶりに1・36を記録するなど、雇用に関してはかつてのバブル期を思い起こさせるほど活況を呈しています。

こうした明るい話題の一方で、「だぶつくミドル、シニア層」の対応に関して、実は企業は頭を悩ませています。成果主義導入により修正されつつあるといっても、50代で賃金水準が最高を迎える日本の年功賃金は健在です。シニア層の賃金コストアップが企業収益を圧迫する構図は今後さらに強まり、**企業の選択肢からリストラの文字が消えることは決してありません**。

シャープ、東芝など名だたる大企業が「集中と選択」の旗印のもと、リストラや事業売却を進めています。企業はしたたかです。事業内容を常に変えながら生き残りを図っています。

ビジネスパーソンが想定している雇用の安泰とは、こうしたリストラや事業売却の荒波に遭遇することなく、定年までつつがなく雇用されることだと思います。

しかしながら、大企業ほど企業の安泰を維持するために、その陰でシニアを中心とした個人の雇用の安定が失われているのです。

台湾ホンハイの郭会長がシャープ買収の際に、「シャープを分解することはないし、ブランドも無くさない」と説明した上で**「40歳以下の若い社員の雇用は守る（＝40歳以上の**

ミドル・シニア社員はリストラ対象）」と述べたことは象徴的です。

65歳までとりあえず安泰だと思っていたビジネスパーソンが、予期せぬM&Aにより何の準備もないまま転職市場に投げ出され、ハローワークに通い続けるも面接にすら至らず「流浪の民」となる事例は枚挙に暇がありません。

また、改正高年齢者雇用安定法により「65歳までは安泰だ」と安易に考えていてはいけません（8割以上の企業が定年延長ではなく定年再雇用で対応しています。定年延長と定年再雇用の違いをあなたは理解されていますか？）。

定年再雇用で働くことは、一般に「5年間期間限定で1年契約更新」の非正規社員として働くということにほかなりません。正社員と同じ病気休職規定が適用されるわけではないのです。契約途中で体調を崩し、次の仕事のあてのないまま「翌年の契約更新無し」という事例もいくつも見てきました。

また、仮に無事5年間の更新を果たしても、そこでお役御免、65歳以降は会社に頼らず、自ら職探しを一から始めなければなりません。

社会人として若いうちから苦労しながら得た仕事の経験・スキルを活かすことができず、**ある年齢を過ぎたら「交通整理の日雇いアルバイト」「清掃」「ビル管理」しか仕事を**

選べない人生で、あなたは満足できるでしょうか?

男女とも平均寿命が延び、「人生90年時代」と言われるこれからは、「定年60歳・定年後再雇用65歳」といった国や会社が設定した区切りから〝先〟が長いのです。

人生90年時代を生きるこれからのビジネスパーソンは、国や会社に過度に頼ることなく、みずからのキャリアプランに独自のマイルストーンを打ち込み、したたかにセーフティネットを張り、自律的かつ戦略的に人生の後半戦を歩んでいかなければなりません。団塊の世代のように会社の敷いたレールに乗り続ければ自動的に最終目的地に連れて行ってくれる王道的なキャリアルートはもはやないのです。

これからは、長年培ってきた知識・スキル・ノウハウが活かせ、小遣い稼ぎではなく実際に生活を支えることができる収入を年齢に関係なく獲得できるようなルートを目指す必要があります。

自らのキャリアを選択し実行していくためには、正しい判断を行うための材料(＝人事・キャリアに関する正確な知識・情報)が必要です。しかしながら、その情報獲得がまずは一般のビジネスパーソンには難しいのです。

私も30年間サラリーマン生活を送ってきましたが、サラリーマンの心情として、自分に直接関係する役職定年制度や定年再雇用後の賃金などキャリアに関する話は、なかなか上司や人事部には直接正面切って聞きにくいところがあります。

下手に自分から聞くと、上司や人事部から、

□ **「そんな先のことを考えるくらいなら目の前の課題をまず片付けろ」**
□ **「質問するということは、他社へ転職を考えているのか？」**
□ **「何か今の労働条件に不満があるのか？」**

等々、痛くもない腹を探られるような感じがあります。

筆者は、長年企業の人事部に籍を置き、現在も人事領域で独立業務請負人（インディペンデント・コントラクター）として人事・キャリア実務に携わる人事のプロです。また、30年間のサラリーマン生活の中では、自分自身も「出向3回」「外資系会社によるM＆A」、そして「独立」と様々なキャリアチェンジを経験してきました。

本書では、経験豊富な人事・中高年キャリアのプロが「あなた専属の人事部」として、**「自らキャリアを選び取り、したたかに実行していく」ために必要かつ実践的な武器（＝**

人事知識やキャリアチェンジのノウハウ）を提供していきます。

それでは、本書の構成を簡単にご紹介させて頂きます。

第1章では、なぜ自律的にキャリアを考えなければならないのか、その理由について具体的な事例をあげながら説明していきます。中には耳の痛くなるような厳しい事例もありますが、国や企業に過度に依存することなく、自ら主体的にキャリアを選択していく必要性を切実に感じて頂けることと思います。

第2章では、実際にビジネスパーソンが取りうる現実的なキャリアの選択肢についてメリット・デメリットをニュートラルに解説していきます。

ビジネスパーソンが選びうる選択肢は、突き詰めれば次の4つしかありません。

- **「今の会社に勤め続ける」**
- **「転職する」**
- **「出向する」**
- **「独立起業する」**

どの選択肢が良いか悪いかが問題なのではありません。それぞれのシナリオを冷静に自ら分析の上、流されることなく「自分で意思を持って選択し実行」することが重要です。**自ら選択し、実行したことに後悔は残りません。**

第3章では、ビジネスパーソンとして知っておくべきキャリアチェンジに関する基礎知識を解説します。「65歳雇用継続化」「出向制度」「早期退職優遇制度」など言葉は聞いたことはあるが、意外にその内容は知らないビジネスパーソンも多いと思います。

第4章がキャリアチェンジの実践編です。筆者が実際に実行した実践的なノウハウを惜しみなく提供していきます。

「意思あるキャリア選択と躊躇なき行動」により、「働けるうちはいつまでも働ける」人生を実現すること。これが本書のテーマです。

それでは新たなキャリアへの第一歩を本書とともに踏み出しましょう。

著者

働けるうちは働きたい人のためのキャリアの教科書

目次

第2章 人事のプロがリアルに教える4つのキャリア選択肢

第3章

定年前に知っておきたいキャリアチェンジの基礎知識

第4章

人生90年時代の実践的キャリアチェンジ術

カバーデザイン／井上新八
本文デザイン／ホリウチミホ（ニクスインク）
企画協力／㈱プレスコンサルティング 樺木 宏

第1章

人生90年時代、どうキャリアを考えるのか

1

同じ定年退職者、2人の差を分けたのは？

AさんとBさんは、ほぼ同時期に60歳定年退職を迎えたビジネスパーソンです。同世代の2人ですが、定年前の50代後半の仕事に対するスタンスの違いにより、定年後のキャリアには大きな差がついてしまいました。はたして、2人の差を分けたのは何が原因だったのでしょうか？

Aさんの事例

55歳で役職定年により管理職を降りることになった。何となくこの日が来ることは想像していたが、実際に自分の身になってみるとやはりショックは大きかった。

給与は年収700万円から3割減の500万円となり、後任にはまったく面識のない中途入社の20歳も年下の課長が任命された。

若手課長は、上司である担当役員から「前任者（Aさんのこと）のマネジメントスタイルを大きく変えて新たな職場風土づくりをするように」と指示されているようで、何かにつけ今までのやり方を変えようとしている。

今までプライドを保ってきた管理職としての人事権も剥奪され、「今さら何をしても無駄」「給与も減らされたのだから、減額に見合う分だけ仕事をすれば十分」と、毎日パソコンでマージャンゲームに興じる時間も増えていった。

本人は気がついていなかったが、周囲のメンバーはその様子を全員お見通し。ゲームといえども「ツモ」のときにはどうしても力が入り、つい、その瞬間には「ウッ」と声を発していたようだ。

課員からは、「(元課長が)今マージャンゲームでツモったようだ」と陰で冷笑されていたことにまったく気づいていない。

こうした後ろ向きのスタンスのまま、自身の将来キャリアに真正面から向き合うこともなく60歳定年を迎えたが、改正高年齢者雇用安定法の施行のお蔭でどうにか再雇用となった。

給与はさらに下がりピーク時からは半減し350万円となったが、「これで65歳まであと5年間のんびり過ごそう」と思った矢先に体調を崩して長期入院。結局再雇用1年目は、雇用期間の後半4分の1は稼働できず、フルタイムで長時間勤務をこなせるまで体力も回復しなかった。

本人は、こうした状況に際しても、今まで正社員時代には当たり前のように適用されていた手厚い「病気休職規程」が適用になると安心していたが、再雇用は「1年毎契約の有期契約社員」であり、その適用は無し。

定年退職しても職場は変わらず、また、インターバルを置くことなくそのまま勤務を続けていたので、本人は、「再雇用」と「定年延長」の違いをまったく理解していなかった。60歳を過ぎてから予想外の再就職活動を余儀なくされることになったが、ノープランからの再就職は絶望的であり、人生90年時代の残り30年間の見通しがまったく立たなくなってしまった。

対照的に妻は、以前から地域活動に根ざした人間関係でイキイキ。金の切れ目が縁の切れ目とばかり、熟年離婚を切り出されそうで不安な毎日を過ごしている。

Bさんの事例

入社以来、一度も海外勤務をすることなく、ずっと国内の工場を転々としながら経理の実務担当者として実直にサラリーマン生活を歩んできた。少し早いとは思ったが、50歳台前半で中小企業への出向を会社から打診された際にも特に拒むことなく受諾、1年後には中小企業へ転籍となった。

中小企業では、経理だけでなく、財務、税務はもちろん株主総会書類の作成からその運営まで、幅広く業務をこなすことが求められる。

Bさんは、「30年間断片的に経験してきた業務スキル・経験を再び現場でブラッシュアップする機会だ」と前向きに捉え、業務に取り組んでいった。

業務の必要性から衛生管理者、防火管理者といった今までの経験外の実務系の資格も取得する必要があったが、「これも何かのチャンス」とこうした資格にも積極的にチャレンジした。

もともと世話好きで温厚な人柄のBさん。資格取得の際に知り合った社外の仲間との勉強会では、周囲から推される形で幹事役をつとめるようになり、自然と社内外の人脈も増えていった。

以前Bさんが勤務していた工場では、QC活動（小グループで自主的に行う品質管理活動）など職場活動が盛んであった。

Bさんも長年そうした活動には慣れ親しんできたが、「自分は改善の専門家でもないし、この程度の改善手法は誰でも知っている当たり前のノウハウ」と本人は当初改善活動には消極的だった。

ところが、当たり前と思っていた改善手法が転籍先にとっては貴重なノウハウ。Bさんは、いつのまにか部内業務改善の推進リーダーになっていた。

こうした経験を積んでいくうちに、Bさんは、今までの自分の30年間の経験を「商品化」することを意識するようになった。

資格取得の勉強会を通じて知り合った同世代のサラリーマン出身の知人がコンサルタントとして活躍する姿を直接見聞きしたことも大きなきっかけとなった。

その後、Bさんは中小企業で培ったノウハウをベースに60歳定年と同時に経理を軸とした総務コンサルタントとして独立、中小企業時代に構築したネットワークを通じてコンサルティング、セミナー講師として東奔西走している。

収入的にも現役世代以上の水準（1000万円）を確保し、定年の無いキャリアを歩んでいる。

２ 「大企業にいるから安泰だ」は本当か？

「大企業にいるから安泰だ」、日本のビジネスパーソンの誰もが疑うことなく受け入れてきた大原則です。

平成26年版「労働経済白書」を見ても、１０００人以上規模の大企業では、30歳台から50歳台前半までの従業員の約7割が初職（初めてついた仕事）から転職することもなくその企業に勤務し続けている者で占められていますので、この原則は正しいようにも思えます。

しかしながら、果たしてこの原則は、今後も維持されるのでしょうか？

企業の栄枯盛衰のサイクルは、急速に短くなっています。「日経ビジネス」（２０１３・11・4号）の調査を見ると、会社の寿命（会社が旬な期間をある前提のもとで計算したものです）が１９８３年の調査では30年だったのに対して２０１３年時点では、18・07年まで短くなっているという結果が示されています。30年間で12年も短くなっているのです。

22歳で新卒入社して65歳まで43年間あります。この調査のように会社の繁栄期が18年であれば、入社した会社で退職まで一社で栄華を味わうことはとても無理ということになります。また、この会社の寿命ですが、技術革新、ライバル新興国の躍進などにより今後更に短くなることが予想されています。

新卒で入社した会社に定年まで勤め続けるというキャリアパターンは、高度成長期からかろうじて今までは通用してきましたが、今後は夢物語になりつつあるのです。

確かに大企業は、会社の存続という意味では安泰です。シャープ、東芝、NECをはじめ業績不振の大手が大幅な人員削減を進めていますが、いずれの企業も倒産はしていません。巨額の赤字を出しても、あるいは2期3期と連続で赤字になっても、倒産に至らないケースもあります。中小企業や創業したてのベンチャー企業ではこうはいきません。

一方、「企業の安定」のためには、業績好調の大企業においても将来を見越した事業構造改革を着実に進めています。「選択と集中」の旗印のもと、大企業ほど先を読み、早期退職や事業構造改革（リストラ）を行っているのです。

こうした構造改革の一環として行われる事業部ごとの売却（核となる事業を残してそれ以外のノンコア事業部を外資等に売却）のニュースは連日のように新聞、TVで目にするところです。

２０１１年に三洋電機から冷蔵庫事業などが中国のハイアールへ、２０１６年にはＮＥＣのパソコン事業が中国のレノボグループへ、東芝の白物家電を扱う子会社がこれも中国の美的集団に売却されました。大きな話題になったシャープの台湾・ホンハイによる買収も同じ流れです（ニュースにならない事業売却は、数えきれないほど日常茶飯事です）。

ビジネスパーソンが想定している安泰とは、こうしたリストラや事業売却の荒波に遭遇することなく、定年までつつがなく雇用されることだと思います。しかしながら、大企業ほど企業の安定を維持しようとするために、その陰では、個人の雇用の安定が失われているのです。

企業はしたたかです。事業内容を常に変えながら生き残りを図っています。

役職者が一定年齢（55歳が多いです）になると管理職ポストをはずれる役職定年制度も大企業ほど導入率が高くなっています。

銀行をはじめ世の中で優良企業と言われる企業のほうが、管理職など役職が上になればなるほど（役員まで昇格しない限りは）、社内に残ることはできずに、定年60歳を待たずに早々と社外に出ることになります。

しかし、ビジネスパーソンにとっては、**会社が存続してもその過程で自分の雇用が継続されなくては意味がないのです。**

③ グローバル化がシニアの雇用に与える影響は？

国内市場が縮小する中、日本企業のグローバル化の流れはもはや止めることはできません。しかしながら、「グローバル化」がシニアの働き方に与える影響についてきちんと理解している人は少ないように思えます。

グローバル化というと、商社、金融、あるいは海外を主要市場とする電機・自動車業界限定のことのように思いがちです。

「うちの会社は、国内市場を相手にしているのでグローバル化は関係ない」「担当の仕事は、海外営業でもなく、内勤の人事総務なのでグローバル化といってもピンとこない」

このように今自分がいる業界や職種だけを見て、「自分とは当面関係ない」と思われている方も多いのではないでしょうか。

今から10年近く前（２００７年９月３日）になりますが、ＮＨＫスペシャルで「人事も経理も（そして総務も）中国へ」という番組が放映されて大きな反響を呼んだことがあります。

内容を簡単に紹介させていただくと――

舞台は京都に本社を構える通信販売会社の「ニッセン」の総務部。縁の下の力持ち、日本のホワイトカラーの典型的な職場である総務部の業務が、コスト削減を目的として中国にアウトソーシングされることになりました。

中国から業務分析チームが来日します。その分析結果は驚くばかりのものでした。日本で現在５５００円かかっているある業務が中国に移管するとコストは何と７５０円。圧倒的なコスト差を示され、総務一筋21年の「ミスター総務」と呼ばれる管理職を含む総務部員７名は、こうした会社方針にあらがえるはずもなく、キャリアチェンジを余儀なくされます。

グローバル化の荒波に呑み込まれたサラリーマンたちの、３カ月の物語を描いたドキュメンタリー番組です。

舞台となった「ニッセン」は、京都で地元の人を雇用し、国内市場を相手とする企業です。一般的なイメージのグローバル企業ではありません。

しかし、雇用におけるグローバル化はまさにこのような形で進んでいます。

血のにじむような効率化を進めてきた日本の製造業の現場に比較して、日本のホワイトカラー一人当たりの生産性は先進国で最低と言われます。

一方、日本的経営の3つの柱と言われる勤続年数を重ねるほど給与が上がる年功賃金は、高度成長期に比べると修正されつつあるといえどもいまだに健在、シニア層は相対的に高い給与をもらっています。

シニアホワイトカラーが長年担ってきたこうしたカン・コツを要するとされてきた総務のような事務業務も、徹底的な標準化（＝業務フローによる見える化）により、誰でも対応可能な仕事に即座に変身します。

こうなると、現在シニア層が担っている仕事は海外との圧倒的なコスト差にもう太刀打ちできなくなってしまいます。

私のサラリーマン生活の最後は、グローバル規模で業務請負を行う企業におりましたので、本当に一瞬のうちに日本の仕事が海外に移転する様子を日の当たりに見てきました。

雇用のグローバル化とは、業種、職種にかかわらず、実はこうした形で着実に進んでいるのです。

④「労働力人口減少」はシニアにとって有利か？

続いて少子高齢社会到来による労働力人口の減少の問題です。労働力不足により、女性や高齢者の更なる活躍が必要という論調で日々マスコミ報道がなされています。こうした報道に接し、「自分の将来も職にあぶれることはない」と安心している方もいらっしゃるかと思います。

マクロで見れば、もちろん高齢者や女性の更なる活躍が必要であることは間違いないのですが、問題は人手が不足している領域です。

安倍首相がアベノミクスの成果としてよく引き合いに出す数字に有効求人倍率の大幅な改善があります。

有効求人倍率とは、有効求職者数に対する有効求人数の割合で、有効求人倍率が1・00より高ければ「仕事を探している人」の数よりも「企業が求めている人」の数のほうが多いということになり、それだけ経済に活気があると考えられる経済指標の一つです。

最近の有効求人倍率を見てみましょう。2017年1月の数値は1・43倍。この数値は1991年7月以来25年ぶりの高水準です。こうした報道数値をみるとこれからのシニアの雇用も安泰だと言えそうです。

更に細かく職種別にみてみましょう。「保安」7・13倍、「建設・採掘」3・66倍、「サービス」(介護・保健など)3・21倍と高い有効求人倍率となっています。

それでは、シニアホワイトカラーの多くの皆さんが想定する「事務的職業」はどうでしょうか?

0・45倍というお寒い数値です。先ほどの高水準がウソのような1・00を大幅に下回る数値です。マネジメントに自信があるシニアに限られますが、「管理的職業」1・45倍というのが唯一の救いです。

そうです、平均すると人手不足なことは間違いないのですが、われわれシニア世代がおいそれとキャリアをチェンジすることが難しい職種で人不足が生じているのです。

こうした状況を解消すべく外国からの移民政策が最近積極的に論議されています。

昨今の報道をきくと少子化による労働力減少により、シニアの活躍の舞台は大きく広がっているような印象を受けますが、職種による雇用のアンマッチが生じているだけで、われわれシニアがすぐに人手不足職種にキャリアチェンジできるわけではありません。「日本の労働力不足＝シニアにとって朗報」というそんな単純な構図ではないのです。

さらには、話題の人工知能（ＡＩ）の導入促進により、人が行う業務の大幅な減少も見込まれています。

従来の延長上のキャリアプランではとても生き抜いていけないということがおわかりになるかと思います。

5

一度立ち止まってキャリアを考えてみる意味

ちまたには、ＭＢＡを取得し常に出世競争のトップ集団を走るグローバルスーパービジネスパーソンを目指す自己啓発書は多くありますが、われわれ50代のシニアビジネスパーソンにとって、いまさら時計の針を30代、40代にさかのぼらせることはできません。

私は30年間以上、人事という仕事にたずさわってきましたので、プライベートでも同世代あるいは少し下のバブル世代のビジネスパーソンからキャリアの相談を受ける機会が多くあります。

皆さん50代まで自分の会社生活に疑問と不安を抱きつつも、特に立ち止まって自らのキャリアを振り返る機会も持たず今に至るという方がほとんどです。

また、キャリアの話は、自分から上司に尋ねると「転職を考えているのか？」と痛くもない腹を探られることもあります。会社にあらたまって直接聞きにくいのです。そのような事情もあり、皆さん意外なほどシニアに関する人事制度の知識に乏しく、そのことが言い知れぬ将来の不安をさらに増幅させているように私には思えます。

60歳という定年退職の時期が、以前のようにキャリアのマイルストーン（節目）としての役割を果たさなくなった今こそ、定年前50代の時期に自らのキャリアにマイルストーンを打ち込み、いま一度ご自身のキャリアに真正面から向き合うことが必要です。

「会社にしがみつく」「会社にぶら下がる」と聞くと、非常にネガティブな印象を受けますが、それもご自身のキャリアをきちんと考えて決めた選択であれば、自分が決めた判断であり決断です。何ら周囲に文句を言われる筋合いはありません。

本書では、こうした50歳過ぎまで実直にサラリーマン生活を続けてきた普通のビジネスパーソンを対象に、今後の雇用を含めたビジネス環境の変化を見すえていかに自分のキャリアを考え選択していくか、そのための現実的で実践的な知識&ノウハウをお届けしたいと思います。

⑥ 人生90年時代のキャリア戦略7つのポイント

1 バブル世代とそれ以降の若手世代との大きな違い①
～就職氷河期世代はサバイバル能力が高い～

いつまでも若手のイメージが強いバブル世代ですが、彼らも今や立派なシニア世代です。シニア層を50歳以上と定義すると、バブル景気の売り手市場のとき（1988～1992年頃）に新入社員として入社した「バブル世代」は、2017年時点でおよそ52歳から47歳ぐらいの層になります。今後シニア層の中核となるのは、バブル入社世代にほかならないのです。

私は、バブルより5年前に就職した世代ですが、当時人事部におりましたので新卒採用時の異様ともいえる「高揚感」は、肌身で感じていました。

バブル世代は、相対的に大企業に就職した人数が多い世代です。入社当初はちやほやされましたが、バブル崩壊後の採用抑制により、万年新入社員的な扱いをされてきた不幸な世代でもあります。後に続く後輩が入ってこなかったため、長年の下っ端生活のおかげ？で忘年会幹事スキルが高いのもこの世代です（個人的な印象ですが、人間的には魅力的な人物が多いです）。

こうした入社時の原体験を持つバブル世代ですが、それ以降の就職氷河期世代とは、キャリアに向き合うスタンスに大きな違いがあります。

就職氷河期世代は競争が激しかったこともあり、自分が希望をしていた会社よりも一つ「ランクの低い」会社に入社するケースも多くありました。就職時期により命運が分かれたともいえますが、新卒時の厳しい就活経験は決して無駄にはなっていません。

入社後も気の緩みを見せずに自己啓発に励み、次にきた好景気のタイミングをつかんで積極的にキャリアチェンジを果たしています。

また、就職氷河期を経験していない世代に比べて、厳しい競争を勝ち抜いて入社していることもあり、元々のポテンシャルの高さと相まって企業内でも優秀と呼ばれることが多い世代でもあります。

入社当初は心ならずもの思いで入社したベンチャー企業がその後のＩＴ化等の波に乗っ

て大きく業績を伸ばし、役員として活躍している方もいます。

「三つ子の魂百まで」ではありませんが、こうした新卒時の就活で味わった原体験がシニア世代になってからもキャリアに関する考え方・行動に大きな影響を与えています。

新卒時に「上げ膳据え膳」で入社し、そのまま自分のキャリアについて何の疑問も持たずに長年過ごしてきた者（バブル世代）と虎視眈々《こしたんたん》とキャリアアップを狙い着実に果たしてきた者（就職氷河期世代）では、いざというときのサバイバル能力が違ってきているのです。まさに「キリギリス世代とアリ世代」です。

バブル世代が優秀でないというわけではありません。しかし、絶対数の多さ故に「玉石混交」と周囲から見られ、同期が多いが故の「みんなで渡ればこわくない」的な甘えをどうしても感じてしまうのは私だけでしょうか。

2 バブル世代とそれ以降の若手世代との大きな違い②
～決定的に異なる語学リテラシー～

今や就活の際にも必要不可欠な評価ポイントになっているのがＴＯＥＩＣです。英語のコミュニケーション能力を測る世界共通のテストとして、大学生やグローバル企業のビジネスパーソンにとっては今や受験して当たり前の試験です。

私もある専門商社の人事部で人事総務アドバイザーの立場で新卒面接にたずさわっていますが、就活生の皆さんはTOEICの点数を積極的に履歴書に記入しアピールしてきます。

もちろん商社志望の学生ということもありますが、TOEIC800点・900点は当たり前、海外留学経験&海外インターン経験者が面接にどんどんエントリーしてきます。

振り返ってみると自分を含め、今50代以上のバブル世代以前の世代の英語に対する取組みスタンスはお寒い限りでした。当時は「大学に入ってまで英語を勉強することを良しとしない」妙な風潮があり、結果として必要単位をクリアするのが精一杯という学生が大多数でした。

当然TOEICなどというものも普及しておらず、せいぜい英語が好きな学生が英検を受けている程度の状況でした。

TOEICの受験者数の推移を見てみます。バブル世代の先陣が卒業した1988年の受験者数は21万8千人です。1993年就職氷河期のスタートには、ちょうど2倍の43万7千人、その後は倍々ゲームのように受験者数は増加し、2014年には1988年の11

倍、２４０万人が受験するテストになっています。

英語を勉強することが当たり前の世代と英語に対するリテラシーの無い世代では、今後グローバルな企業活動への貢献度という点で大きな差がでてくるのは当然です。

就職氷河期世代は、大学だけでなく英会話学校、専門学校でも学ぶダブルスクールが進んだ世代でもあります。

語学に関して抵抗感の少ない世代に追いかけられるこれからのシニア層の居場所は、今後グローバル化が更に進む中、ますます狭くなることは間違いありません。

3 「課長になれなくてもいいや」バブル世代に蔓延するあきらめムードで本当に大丈夫？

大卒ビジネスパーソンが課長以上に出世できる比率は、どんどん下がっています。役職ポストが増えない中、特に大企業への入社人数が他の世代に比べ突出して多いバブル世代では、課長・部長になれないビジネスパーソンの比率が高くなっています。

私はバブルの5年前入社世代ですが、特にバブル世代の後輩の中には「課長になれなくてもいいや」というあきらめムードが蔓延《まんえん》しているようにも感じます。果たしてこのスタンスで今後のキャリアは大丈夫でしょうか？

団塊の世代に代表される高度経済成長期の賃金は、課長になれなくても勤続年数が長くなれば長くなるほど定期昇給分が着実に積み上がる仕組みになっていました。そのため、残業分を入れると若手課長より勤続の長い一般課員のほうが年収ベースでは高いといった現象が当たり前のように起こっていたのです。

退職金も、積み上がった基本給に係数をかけ、また定年間際に垂直に立ち上がる退職金カーブになっていましたので、（プライドはともかく）管理職になれなくても収入面では遜色のない水準を確保できていたのです。

しかし、今は違います。

責任ある役職につかないと賃金・賞与も頭打ちです。退職金も役職等のランクに応じて積み上がる方式に変わっています。管理職を目指さないと賃金も賞与も退職金も低い水準のままですので、否応なく出世競争の舞台に上がらなければならないのです。

こうした人事制度改定の影響を真っ向から受ける世代がバブル世代ですが、この世代は入社同期が多いこともあり、「みんなで渡ればこわくない」とばかりのんきに構えていて、就職氷河期の荒波をかいくぐってきた若い世代と比較すると今一つ危機感が薄いように思えます。

超売り手市場での恵まれた就活原体験は、いくつになってもどうしても記憶から抜け切らないのです。

また、これからバブル世代は、子どもの教育費がピークとなる「魔の50代」を、「大量採用の同期」と「後を追う早期選抜の優秀な後輩」と「女性活躍推進の波に乗る優秀な女性管理職候補」という3者を相手に熾烈《しれつ》なポスト争いをしながら生き抜かなければならないのです。

今まで男性ビジネスパーソンは、一度新卒でそこそこの企業に入社すればその後は安泰でした。

しかし、今は違います。役職や収入面で高度成長時代の最後の恩恵を受けたのは、団塊の世代に続くポスト団塊世代（1952〜1958年生まれ）くらいまでです。

前の世代と同じ電車に乗りながら乗った列車のレール（終身雇用、年功賃金）が初めて切れる悲劇の世代、それがバブル世代となるかもしれません。

今まさにシニア世代（50代〜）にさしかかりつつあるバブル世代にとって、50代というキャリアをどう過ごすかで定年後の残り30年間（人生90年時代）のライフキャリアが決します。

何の戦略も持たずに今までの先輩と同じ道を歩むことは、キャリア最大のリスクと思わなければなりません。

4 「部長が一番危ない」その理由

さきほど課長・部長になれない大卒ビジネスパーソンの比率がどんどん高くなっているという話をしました。それでは、社内でのサバイバルゲームを勝ち抜きビジネスパーソンとしては出世の現実的な頂点ともいえる部長になれば、「バブル世代もこれで安泰」と言えるのでしょうか？

決してそうではありません。今の時代、職位が高ければ高いほどキャリアに関するリスクは高いのです。以前は、部長まで登りつめればその次は（大企業であれば）子会社の役員などへの「天下り」が可能でした。しかし今は、子会社も付加価値を生まない管理しかできない部長を受け入れる余裕はありません。

それでは、ここで外の転職市場に打って出ようと考えたらどうでしょうか。

経営幹部としてマネジメント市場で活躍する同世代のビジネスパーソンは、既に（外資系を中心に）数社で役員マネジメント経験を積んでいます。逆に日本の管理職は、この時期には社内での出世のために外では役に立たない社内調整業務にどうしても精をださざるをえなかったのです。

実際のライン実務の第一線から離れて久しく社内調整をメインにしてきたジェネラリストタイプの部長を転職市場は求めていません。再就職面接での有名な逸話「自分は部長ができます」は笑いごとではないのです。実際に会社の実績を個人の実績と勘違いして転職に失敗する部長層の失敗事例は多々あります。

また、転職市場での価値と実際にもらっている給与との乖離《かいり》が最も進むのが部長層です。特に大企業の部長こそ大変です。今もらっている給与水準は、中小企業では社長の報酬水準と変わらないケースも多いのです。**給与が下がる経験をしたことのない日本企業のビジネスパーソンにとって現行の収入を下げる転職はありえません。**

こうした事情もあり、潜在的には有能な部長もますます一企業内に囲い込まれることになります。

身動きの取れない日本の部長層に対して今吹き荒れているのがM＆Aの嵐です。

2001年の労働契約承継法の施行に伴い、今までの労働契約そのままで事業部の分割・統合が行えるようになりました。シャープ、日立製作所、東芝、パナソニック等々名だたる大企業でも「選択と集中」という錦の御旗のもと事業部ごとの売却が進んでいます。

事業部ごとの他社への吸収、あるいは他社との合併が進むとどういうことが起こるかといえばそれは自明のことです。

M&Aの目的の一つには統合による事業運営の効率化がありますので、合併前に2つあった同じ役割の部署は当然一本化されることになります。実際にモノづくりに携わる現場の平社員レベルでは影響はありませんが、管理する立場である部長ポストは当然2→1に減らされることになります。上位職になればなるほど管理する人は少なくていいのです。また、新たな経営方針に従って事業を改革していく際にも旧来のやり方に固執する部長は障害になります。

部長にとってのキャリア面でのリスクは、業績悪化に伴うリストラだけでなく技術革新対応、グローバル化対応など、日本企業が今まさに直面する課題に直結しているのです。大量入社の同期との厳しい出世競争を勝ち抜き、ビジネスパーソンとして「功なり名遂げた」部長も決して安泰とはいえない時代になっているのです。

部長職の方が直面した事例をいくつか紹介させていただきます。身につまされる話ばかりです。

事例①

・管理職になれない同期もいる中で部長まで昇格し、今後の頑張り次第ではまだ役員の目もあるのでは、と思っていた（年収1100万円）。

・会社の事業構造改革「選択と集中」戦略により、所属していた事業部が分社化され、同業他社の事業部と合併することになった。

・合併会社にも同ポストの部長がおり、合併効果を出すため、部長ポストを2→1に削減することになった。合併相手の部長職は、まだ40歳台の若手で新会社の今後の事業推進役に適任と判断され、自分は「担当部長」というラインから外れた部下無しの部長となる。

・しかし、新会社に「担当部長」という名ばかり部長を置いておく余裕はなく、合併後まもなく新規顧客開拓の営業職あるいは社外への転身を迫られることになる。

・新会社では定年前に退職すると通常より退職金が加算される「早期退職優遇制度」（通常の退職金にプラスして1年分の年収が加算される）が期間限定でもうけられていた。

・当面の生活は大丈夫と判断、早期退職優遇制度に応募し、ひとまず退職して今後の転身先をじっくり考えることにした。

・「早期退職優遇制度」では、幸い退職後のアウトプレースメントサービス（再就職支援サービス）も使えることになっており、じっくり転職活動に取り組めば、今の年収くらいは確保できると考えた。

・今までがむしゃらに会社生活を送ってきたため、一度も自らのキャリアを棚卸することがなく、ゼロからの転職活動になり、30年間のキャリアがきちんと「商品」として整理されていなかったこともあり、次の仕事が決まらない。

・アウトプレースメントサービスが提供するオフィスに足を運ぶこともおっくうとなり、退職後1年経過しても次の職が見つかっていない。

・「在職中に自分のキャリアを冷静に棚卸し、不足部分は今の業務の中で着実に積み上げていく」というしたたかなキャリア戦略を持たずに、「退職加算金もあり、辞めた後に考えればどうにかなるだろう」と安易に退職したことが敗因。

・東芝、日立、パナソニックをはじめ、事業部ごとのM&Aは多く、大企業ほど自分の思い描いていた退職までのキャリアコースが突然他律的に断絶されるリスクが高いことを認識する必要がある。

・「アウトプレースメントサービス」は、原則として「退職後の求職活動のための場所の提供」がメインのサービス。全面的な求職活動サポートを過度に期待するのは危険。

・自らのキャリアは自分で作り出すという背水の陣でのぞまないとシニアからの転職は厳しい。結局友人知人といった日頃からの個人のネットワークで決まるケースが多い。

・会社上位者とのつきあいだけという会社忠誠型ビジネスパーソンこそ最後にしっぺ返しが来る。

事例②

・M&Aで外国資本の傘下に入り、従来の日本的経営から欧米流の経営に変更になった。

長年慣れ親しんできた従来の日本的業務遂行方法が我が社にはベストとの信念により、従来の方針を継続することに固執。

・企業改革推進のネックになっていると新経営陣から烙印《らくいん》を押され、まさかの戦力外通告を受ける。

解説

・部長層は、実務から遠ざかり、その企業内のみでしか通用しない社内調整業務に多くの時間を費やしている。労働市場での価値と給与の乖離が最も大きくなるのが部長クラスであり、新会社の方針についていけない部長は費用対効果の面からもリストラのターゲットになりやすい。

事例③

・間接業務の効率化のため、人事・総務・経理業務を外資系ビジネスプロセス・アウトソーシング会社に全面的に業務移管することになった。業務移管とともに業務を担当していた従業員も一括して業務請負会社に移籍することになった。

・「資本関係が変わっただけで今までの業務をそのままやればいい」という判断でそのまま社命により移籍。
・アウトソーシングの主目的は、オペレーション業務のコストダウン。M&A後は、新経営陣の方針を理解し、自らの取組みスタンスを前向きに変えていくことが求められる。しかし、そうしたマインドセットを怠り、会社の経営方針に後ろ向きと評価される。
・労務費コストの高い部長クラスほど要求されるアウトプットは高い。役職に見合った成果を出すことができずに戦力外通告を受け、何の事前準備も無しで退職することになる。

解説

・グローバル企業を中心に間接業務のアウトソーシングは想像以上の速さで進んでいる。特に給与計算、総務、経理などのいわゆる事務系業務は、海外業務移転(中国、ベトナムなどへのオフショア化)→標準化・IT化→コストダウンの流れが主流になっている。
・アウトソーシング拡大の背景には、日本企業の間接業務の生産性の低さ(各社ごとの独特のやり方、事務部門の改善不足）が原因の一つとしてあり、事務系業務に従事するビジネスパーソンは、簡単に代替できないスキルを着実に身に付けておく必要がある。

・M&Aが行われた場合でも一般層は影響を受けることは少ない。しかし、労務費コストの高い部長クラスは、外資流「アップ・オア・アウト」（昇進するか辞めるか）の論理により、新経営方針に沿った実績を出せない場合には、自ら身を退かざるを得ないリスクが高いことを十分認識しておく必要がある。

5 退職金から年金までの期間は、想像以上に長い

65歳までの雇用継続を求める改正高年齢者雇用安定法の背景には、60歳時点から年金を支給することができなくなったという国の年金政策の破綻があります。国の年金政策の破綻のツケを企業に押し付ける形で改正がなされたわけです。

改正が論議されているときは、産業界からも「何で国の年金政策の失敗を企業がかぶらなければならないのか」という批判の声があがっていましたが、施行から10年以上経過し、あきらめからかそうした声も聞こえなくなりました。

私は、昭和36年8月生まれですが、まさに男性では私の世代以降（昭和36年4月2日誕生日以降）から厚生年金は65歳支給開始となります。厚生年金支給開始時期については、更に後ろ倒しの論議もされていますので、遠からず65歳どころか67歳、さらには70歳支給開始という時代がくるのは間違いありません。

２０１６年12月には、「年金カット法案」と呼ばれた年金制度改革法が成立しました。現在の高齢者への給付を減らし、若者世代が将来受け取る水準が想定以上に下がらないようにする内容です。実際の適用は２０２１年度からになりますが（マクロ経済スライドという物価や給与水準の変動に応じて年金額を調整する措置を、デフレ時にも適用することについては２０１８年度から）、いずれにせよ今後われわれシニア世代が年金を受給する際には、従来水準より間違いなく切り下げの方向に動いていることは確かです。

シニア世代は、バブル崩壊、リーマンショックなど今まで企業の栄枯盛衰も見てきました。「禍福は糾《あざな》える縄の如し」、今景気がよく問題が顕在していなくてもシニアの雇用問題は必ず再燃します。

65歳までという5年間期間限定の不安定な「非正規有期雇用契約」を毎年薄氷を踏むようにして更新していかなければなりません。定年過ぎのやる気のないシニアを養う体力は企業にはもうありません。

仮に65歳まで契約更新を果たし、年金支給が開始になったとしても年金のみに頼った生活では余裕ある老後は到底見込めません。

「5年限定の非正規契約」を無事に更新し続けた先には更なる滝壺が待ち受けているかもしれません。人生90年時代、先はまだまだ長いです。

6 会社が「将来に希望がある」と見せるのはトリック

「プロ経営者」と呼ばれる華やかなキャリアを歩む人がいます。日本マクドナルドからベネッセと会社を渡り歩いた原田泳幸氏や日本コカ・コーラから資生堂社長に就任した魚谷雅彦氏が有名です。

こうした「プロ経営者」を招へいする会社は、以前はオーナー系の企業や外資系企業が中心でしたが、海外ファンドによるM&Aの拡大に伴い、伝統的な日本企業の経営のかじ取り役を任せるケースも増えています。

日本の企業では、大学を卒業したら新卒として全員横一列でスタートし、時間をかけてしかるべき年齢層から将来の役員候補を選抜していくという人材育成方法を取ってきました。しかしながら、こうした悠長な人材育成制度は、グローバルでの競争を余儀なくされる企業においてはもはや過去のものになりつつあります。

日本の企業も決して手をこまねいているわけではありません。社内の優秀な若手ビジネスパーソンを20代・30代から将来の役員候補として選抜し、海外現地法人の責任者を若いうちから経験させるなど、外部の「プロ経営者」に伍して戦える人材の育成をグローバル企業では急いでいます。

こうした早期選抜の取組みは、社内に対しオープンに行われている企業もあれば、限られた経営トップだけが知っている隠された制度になっている場合もあります（指名された本人は知っているケースがほとんどです）。

入社以来の同僚と思っていた同期友人が実は役員候補として本人のために特別に用意された昇格の別階段を登っているケースもあるのです。

こうした事実は、外部から客観的に人事異動を眺めているとわかるのですが、出世競争の真っただ中にいる当事者には意外に見えません。もちろん会社も役員や主要ポストの後継者が既に絞り込まれていることをあまりおおっぴらには言いませんので、その他ビジネスパーソンは55歳の役職定年までポスト目指して馬車馬のように頑張ることになります。

どの組織にも、「2：6：2」の法則が成り立っています。「2：6：2」の法則とは、集団が形成されると2：6：2のグループに分かれ、上位20％が高い生産性や業績を上げる優秀な人たち、60％は上位とも下位ともいえない平均的な人たち、残りの20％はパフォーマンスの低いお荷物的な人たちに分かれるという法則です。

上位20％は早期選抜で既に指名済ですので、そのままパフォーマンスをどんどん上げていくことを会社は期待しています。

60％のグループにいる人にはどういう対応になるでしょうか。日本企業にはフランスのグランゼコール（エリート養成機関）出身者のような当初の入り口から選別された世界はありません。日本企業の強みは、この60％層の頑張りにあるのです。

このグループに対しては、社内での職種や拠点をまたがった異動を繰り返しながら年齢とともに緩やかなセレクションが行われます。大多数を占めるこの集団に早々とやる気をなくされては会社としても困るからです。

「自分はできる、自分だけは別」と思うのはビジネスパーソンの悪しき錯覚です。会社の自分に対する評価は、自己評価の50％でも高すぎると心得ておいたほうが健全です。会社で戦力外通告を受けたビジネスパーソンの第一声が、「何で自分なんだ」というのも、自己評価と他者評価の大きな乖離によるものです。

日本企業の強みの源泉でもあるこの60％層に対する「優しさ」ですが、最後の最後まで競争を引っ張ってもそれに見合うエサ（給与）をシニア層に与えることは困難になりつつあります。

いうまでもなく会社は福祉団体ではなく営利団体です。わき目も振らずにゴールを目指す従来の日本的な会社人生の歩み方から自ら意識的にコースを外れる必要があります。「冷静な自己評価」と「会社の敷いたレールからの意識的な離脱」。これからのシニア層にとって生き残りのための重要な処世術です。

7 今の居心地が良いほど、行動のハードルは高くなる

団塊の世代から続く定年退職後のシニアキャリアの「ゴールデンルート」をご存知でしょうか。「定年退職」→「失業保険受給」→「地域のシルバー人材センターに登録」→「時たま紹介される軽作業に従事」というルートです。

シルバー人材センターは、市区町村ごとに設置された社団法人で、HPを見ると「高年齢者が働くことを通じて生きがいを得るとともに、地域社会の活性化に貢献する組織」と紹介されています。会員は概《おおむ》ね60歳以上の定年退職者や家業の第一線を退いた人が対象で、公共施設管理や駐輪場管理等の仕事を請け負い、会員に提供しています。

全国団体である全国シルバー人材センター事業協会にQ&Aがありますので見てみます。

Q．月にどのくらいの収入を得ることができますか。

A．一定した収入（配分金）の保障はありませんが、全国平均で月8~10日就業した場合、月額3~5万円程度です。

かなり年上の先輩でシルバー人材センターに登録して仕事をしていらっしゃる方に以前お話を聞いたことがあります。

先輩曰く、「ボケ防止」と「小遣い稼ぎ」とのこと。そうなのです、定年と同時にそれなりの厚生年金と厚生年金基金（企業独自の上乗せ年金）が満額出た恵まれた世代には、シルバー人材センターの仕事は、「ボケ防止」と「小遣い稼ぎ」にちょうどいいのです。

これからのシニアはこの発言を真に受けてはいけません。年金受給開始の時期と額が違うのです。シルバー人材センターの果たしている社会的な貢献はもちろん大きいものがありますが、これからのシニア世代は安直にこのゴールデンルートに乗ることは考え直したほうがいいです。

かつての典型的な定年後のキャリアを見てみましょう。

定年後は「まずはゆっくりしよう」と支給期間目一杯失業保険を受給します。ご本人は人生後半に備えた「充電期間」のつもりですが、毎日の通勤もなくなり、そのうち外出も面倒になります。ユニホームが背広からジャージに替わり、何十年間も締め続けたネクタイが結べなくなるのもこのころです。

ご本人のもくろみはもろくも崩れ、失業保険受給期間は「充電期間」ならぬ「(気力の)放電期間」になります。給付期間満了後は家でのゴロゴロ生活に対する配偶者の冷たい視線にいたたまれなくなりシルバー人材センターに登録して時々軽作業。

これで現役時代は世界を股にかけて活躍したバリバリの国際ビジネスパーソンも完全に去勢されてしまいます。

従来はこうしたキャリアプランも「あり」でしたが、今は時代が違います。まずは65歳まで、いやそれ以降も「会社に雇われる力」あるいは「自力で稼ぐ力」を養い、ストックに頼ることなくフロー収入を得ていかなくてはなりません。

私は、現在ビューティフルエージング協会というシニアの生きがい働きがいを支援する社団法人事務局のお手伝いをしていますが、そこで活躍している事務局メンバーは、77歳、73歳という年齢にもかかわらず現役時代以上の活力で活躍しています。

また、協会に限らずエイジレスで活躍されているシニアの方々のお話をうかがうと、一人の例外なくサラリーマン時代の定年60歳前に、ご自身のキャリアに関して何らかの意識転換をした方々ばかりです。

会社での居心地が良いほど将来のキャリアに関して考える意欲・機会を失します。順調に60歳定年まで自分のキャリアに疑問を持たずに過ごしてしまうことこそリスクと捉える感性が必要です。

雇用義務化が課せられたといえども65歳を過ぎたら、会社という「保護区」を出て、名刺も肩書もない世界で、20年間（65歳の平均余命は20年間）という年月を過ごしていかなければならないのです。

「闘病」「倒産」「投獄」経験が人生を変えるとよく言われますが、順風満帆なキャリアを歩むより、50歳台前半で今までのキャリアを打ち崩されるような経験を持ったほうが人生90年時代には絶対有益です。

バブル世代のビジネスパーソンの中にも将来の先々に大きな不安を感じている方が多いと思いますが、実際に自分のキャリアを冷静に見つめる機会を持つ人は極めて少数派です。これからどんどん切り下がる給与水準は株の下落局面と同じです。みんなが気づいたときではもう遅いのです。

第2章

人事のプロがリアルに教える4つのキャリア選択肢

0

キャリアの選択肢は4つのシナリオに絞られる

高度成長時代からつい最近までは、日本のビジネスパーソンは自らキャリアを考える必要はありませんでした。

「国と企業が敷いた終身雇用というレールに乗り続けること」こそがベストの選択だったからです。そのため日本のビジネスパーソンは、会社という電車から途中下車しないように（させられないように）、会社に（少なくとも見かけ上は）忠誠を誓い、社内営業にもいそしんできたのです。

一方、会社側もできる限り「乗り合わせた乗客を途中下車させないように」工夫してきました。社員優待割引切符を発行（福利厚生制度の充実、勤続を積むほど有利になる退職金カーブ等）したり、他社の電車に乗ることを禁止するルール（兼業・副業の禁止）を適用するなどの工夫です。従来は、お互いのニーズが合致しており、そのことが事業運営に大きなメリットとなっていたのです。

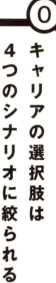

ところが会社はシニアという乗客に対して、従来と同じ条件では電車に乗せてくれなくなりました。途中で電車を降りてもらおうか、あるいはグリーン車から普通車に乗り移ってもらおうか、幹線ではなくローカル線へ移ってもらおうか、電車からバスに乗り換えてもらおうか等々、様々な対応を検討しています。

第1章で説明の通り、シニアを巡る雇用環境はますます厳しさを増していますが、ビジネスパーソン側の乗車継続ニーズはかえって強くなっています。年金支給年齢の後ろ倒しや年金支給水準の見直しなどの影響もあり、65歳、あるいはそれ以上の年齢まで電車に乗り続ける必要性がますます高まっているのです。

働くことに関して、このように会社のニーズとビジネスパーソンのニーズに大きなギャップが出始めていることをシニアビジネスパーソンは、十分認識する必要があります。そのギャップの解消について、国も企業に対して更なる乗車延長（雇用延長）を求めていますが、国や企業の施策に期待するだけでは危険です。

これから企業内では、50歳以上のシニア層が社内に占める割合がどんどん大きくなっていきます。何の策も講じないと間違いなく労務費アップになります。

この状態を解消するためには、従来の年功賃金の大幅な見直しか、シニア層の積極的な社外への排出促進か、あるいはシニアに対して現役時代以上の成果発揮を期待するか、いずれかの策あるいは3つの合わせ技で対応していくしか対策はありません。

しかしながら、いずれの方策についても、国も企業もいまだ抜本的な解決が見いだせていないというのが実情です。

これからのシニアは、国や企業の施策を待っていては遅いのです。今後起こりうる想定内・想定外の様々なキャリアイベントに対応しうる正確な知識を獲得しながら、自らしたたかにシナリオ選択の準備を進めて行く必要があります。

それでは、今後シニアに想定されるキャリアのシナリオにはどのようなものがあるでしょうか。極めてシンプルです。

①「今の会社に勤め続ける」

②「転職する」

③「出向する」

④「独立起業する」

の4つのシナリオです（それぞれの関係は63ページに掲載）。

③の「出向する」は、②「転職する」の一部とも考えられますが、シニア独白の重大なキャリアイベントの一つですので、あえて別にしています。

また、一部の恵まれたビジネスパーソンだけに当てはまる**「会社を辞めて悠々自適の生活を送る」**という例外的なシナリオもありますが、シニアからのキャリアは、仕事だけでなく家族、地域と言ったもう少し幅を広げた**ライフキャリア**の観点から考える必要があります。悠々自適の恵まれたビジネスパーソンも、ぜひ生涯を通じてのライフキャリアという観点から本書をお読みください。

次ページから、シニアサラリーマンが選択しうる4つのシナリオを「収入面」「やりがい」「リスク」「安定性」「いつまで働けるか」「専門性向上」の視点から、できる限りニュートラルなスタンスで解説しています。

また、シナリオごとにできる限り具体的な成功・失敗事例も記載してありますので、あわせて参考にしていただければ幸いです。

それでは、まず初めに「今の会社に勤め続ける」シナリオから見ていきましょう。

① シナリオ1 「今の会社に勤め続ける」

□会社任せのノープラン対応、バブル世代にはリスクの高い選択

ビジネスパーソンに対して独立起業を勧める本が主流の中、「今の会社にしがみつく」と言うと非常にネガティブな印象を受けますが、今も昔も多くのビジネスパーソンが結果として歩むことになる王道ともいえるシナリオです。

高度成長期から今に至るまでこのシナリオこそ唯一かつ盤石な選択肢であり、何も考える必要もなく長年勤続を積み上げてきた日本のビジネスパーソンは、このルートを疑うことなく歩んできました。

今後もこのシナリオが万人に当てはまるゴールデンルートになりえるかどうか、確認していきたいと思います。

どのシナリオを選択する際にも当てはまりますが、少なくとも「何も考えずにそのルートを選択する」のではなく、「考えに考え抜いてその結果として選択する」という**自分なりの納得感**が得られるかどうかがポイントです。

それではこのシナリオを、①収入、②やりがい、③リスク、④安定度、⑤いつまで働けるか、⑥専門性向上、といった視点から多面的に考えてみたいと思います。

収入面／現役時代の半減は覚悟

人事の専門雑誌「労政時報」が２０１３年に大企業を対象に実施した「中・高年齢層の処遇実態」という調査結果がありま

4つのシナリオの関係

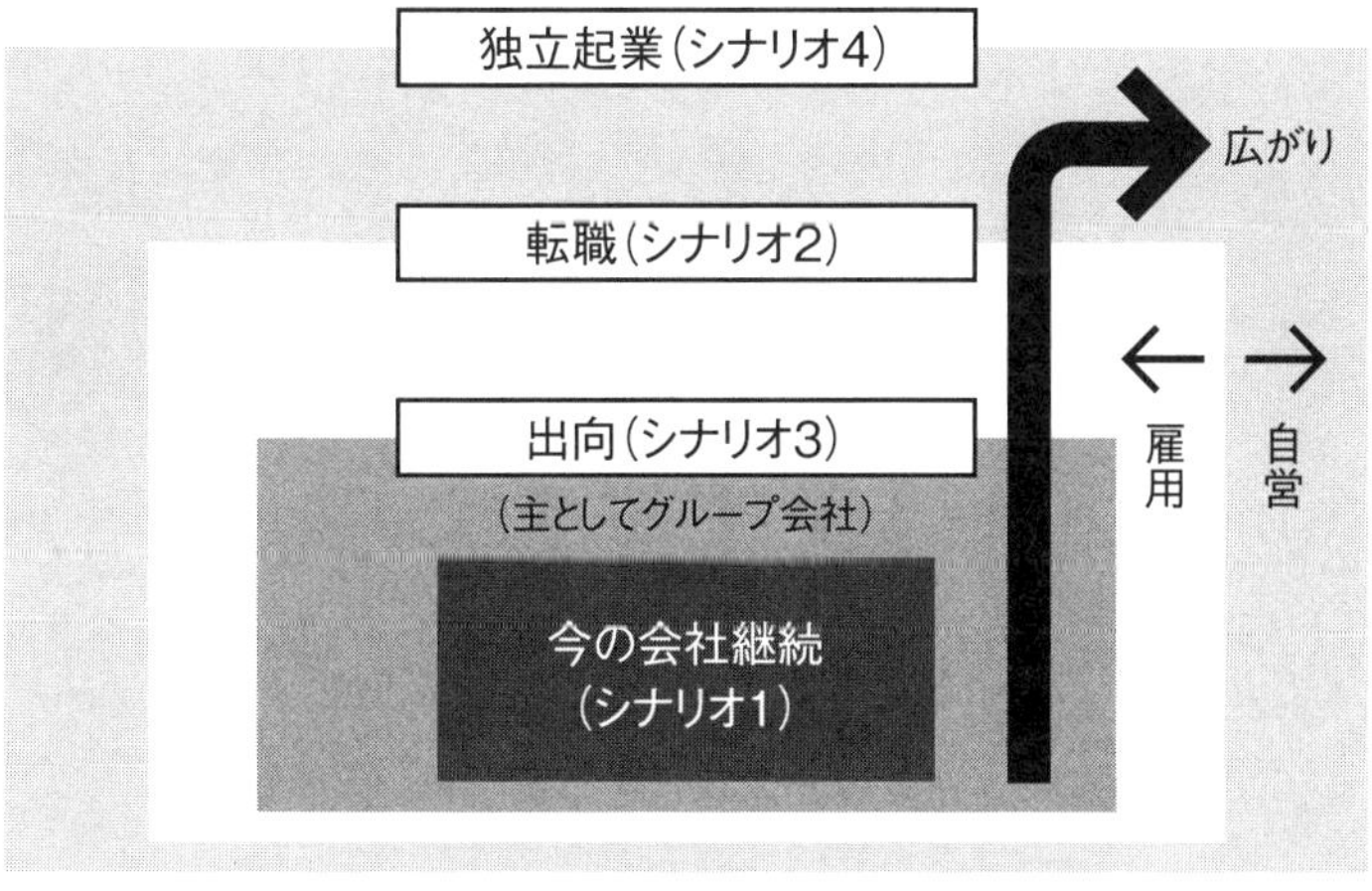

す。この調査結果に基づき定年退職後再雇用時の年収を確認してみます。

一番気になるのが、定年退職後の60歳以降、「はたしてどれくらい給料はもらえるのか」です。定年退職後の給与水準はあまりオープンにしていない会社も多く、意外にその水準を知らないビジネスパーソンも多いのではないでしょうか。

調査結果を見ると、最頻値は年収３００万〜４００万円のレンジで、８割の企業が４００万円以下の設定です。フルタイム勤務での平均は３２８・８万円という水準です。

定年到達時の年収と比べた再雇用後の年収比率を見ると最頻値は「40％〜50％未満」が30・９％で最頻レンジとなっており、平均は54・２％という水準です。つまり**現役時代から半減**しています。

このデータも大企業の調査結果ですので、これでも世の中的には高めの数字かもしれません。

この平均３２８・８万円という数字を見て皆さんはどういう印象をお持ちでしょうか？**「こんなに安いのか」**という印象をお持ちの方が多いと思います。

冷静に考えてみます。先ほどの平均３２８・８万円という数字を12カ月で割ると月額27・４万円。この年収水準は、国税庁の「民間給与実態統計調査（平成27年分）」を見ると25〜29歳レンジの年収、352万円と近いことがわかります。

「40年近く会社に滅私奉公して最後はこの水準か、バカにするな」「20代後半の若造と何で一緒なんだ」という声が聞こえてくるような気がします。

ところでこの水準、世の中的にはどうでしょうか。確認してみます。ハローワークで端末を叩いてみるとわかりますが（今は自宅のPCからの求人検索が可能です）、年齢不問の一般事務で月収20万円前後という求人が大多数です。

東京都の2016年10月からの最新の最低賃金が932円ですので、1日8時間勤務、月20日間勤務で計算すると、14万91

今の会社に勤め続けるシナリオ（例）

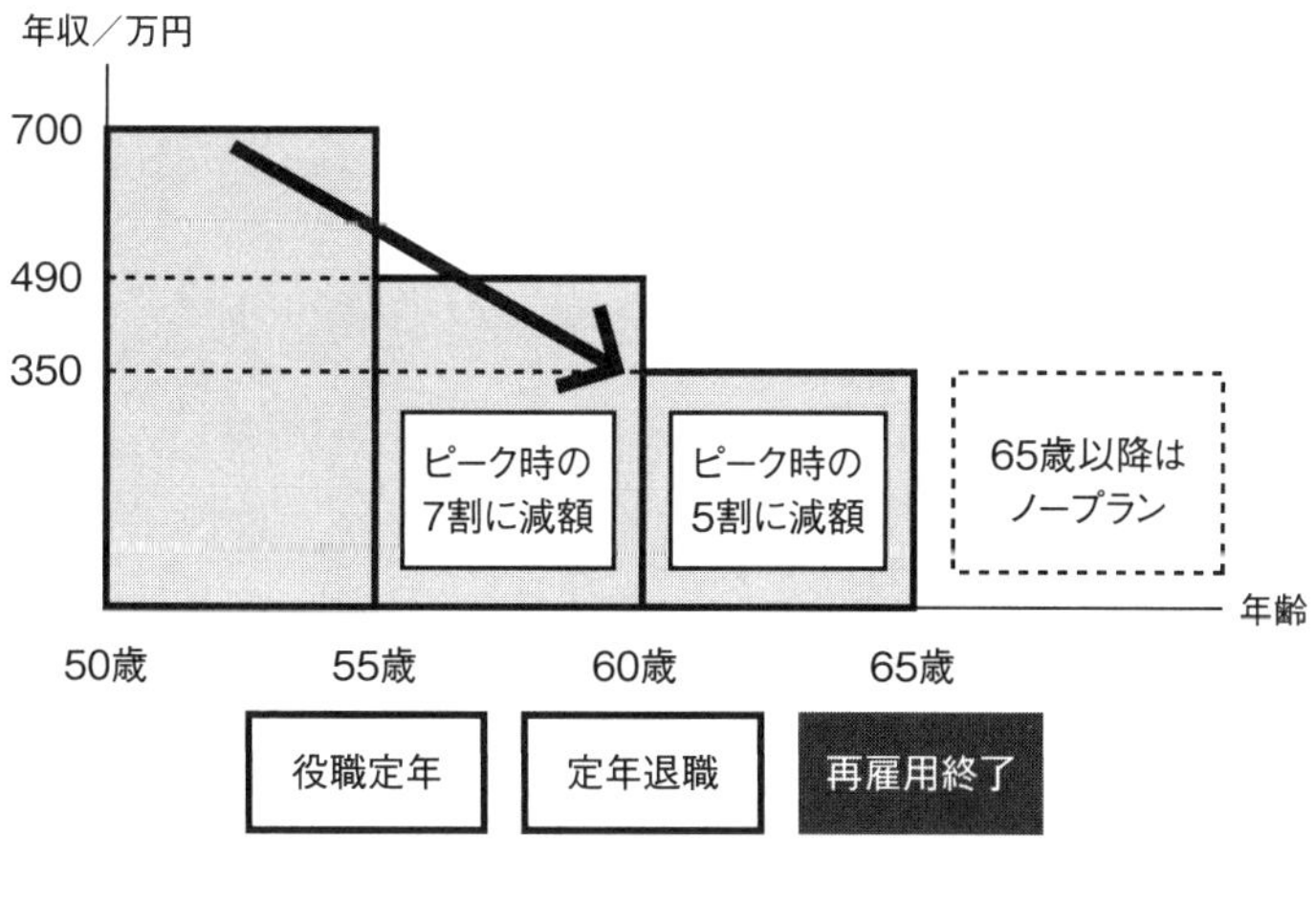

２０円。20万円という数字もあながち外れた数字ではありません。

果たして60歳定年後にハローワークで何の準備も無しにこの求人に応募した場合、多くの若者求職者と伍して、あなたが採用される可能性はあるでしょうか？　採用される自信はありますか？

厳しい言い方になりますが、おそらく著しく可能性は低いでしょう。

求人票には年齢不問となっていますが、真に受けてはいけません。雇用対策法という法律によって例外（期間の定めのない契約を結ぶ場合でかつ特定の理由がある場合のみ等）以外は、**いやいやながらも「年齢不問」と書かざるを得ない**のです。

こうした求人案件に応募すると、結果は火を見るより明らかです。間違いなく実際は若手から採用になります。頑固な年配者は採用する側としても使いにくいのです（逆に皆さんが採用する側だったら同じことを考えるのではないでしょうか）。

このように現実的に考えると先ほどの月額27・4万円という数字も悪くありません。

「下がる下がる」と言っても、やはり収入面だけを考えると、今までの会社で勤務を継続することもしょうがないなと思わせる数字ではあります。

しかしながら、人は**「絶対額」**ではなく**「減額幅」**で満足不満足を感じますので、シニアの皆さんで定年再雇用後のこの年収水準に大満足という人は**皆無**でしょう。

このシナリオで、もう一つの問題は、60歳以降**給与が上がる見込みがほとんどない**ことです。先ほどの「労政時報」では、昇給・ベースアップの取扱いについても企業の人事部にアンケート調査を行っています。結果はというと、**「昇給・ベースアップとも再雇用者には適用しない」**という企業が約4分の3を占めています。

60歳以降の給与は、単年度契約更新ですので、会社業績や外部経営環境が悪化したら翌年の契約更新時には下がる可能性もあります。**「下がる可能性はあるのに上がる可能性はない」**とは何ともやるせない限りです。このシナリオを選択した場合には、65歳まで当初契約の水準が維持できればそれで良しと思わなければなりません。

このシナリオの収入面での問題は、①今までもらっていた現役時代の給与から大幅に下がること（減額幅の大きさ）と、②その絶対水準の低さ、それに加えて、③60歳以降にアップする見込みがほとんど期待できないことにあります。

●やりがい／自分で積極的に探す必要

今さら「やりがいなんて」という声も聞こえてきそうですが、人生90年時代まだまだ先は長いのです、やはり仕事でのやりがいは重要です。

この点に関しては、このシナリオはどうでしょうか？

ポイントは、定年再雇用後の仕事について、きちんとマインドセットして取り組めるかどうかです。

マインドセット無しに流されるまま定年再雇用というシナリオを選択すると、間違いなくモチベーションは現役時代から大幅にダウンします。

権限と責任はなくなり、気持ちの整理はつけたつもりでも、かつて部下だった若手上司からの慇懃無礼《いんぎんぶれい》なオーダーに対して素直に協力する気持ちにもなれません。

また、今まで長年まじめに誠実に働いてきた人ほど、「今さらでしゃばっても周りの迷惑」と**「遠慮」という美徳**を理由にパワーを出さなくなっていきます。

「金の切れ目が縁の切れ目」ではありませんが、大幅な年収減の現実を知らされ、非協力というわけではありませんが、無理せず給与に見合った働きで十分といったマインドにどうしてもなりがちなのがこのシナリオです。

60歳から65歳というシニア前半期の過ごし方は、その後の人生に大きな影響を与えます。このルートを選択する場合でも、**会社にお任せではなく自らマインドセットし、与えられた仕事の中で積極的な「やりがい」を自分で設定していく**必要があります。

国では、年金支給の更なる後ろ倒しも論議されています。「年金支給開始の65歳までどうにかつないで65歳になった時点で考えよう」という考え方は危険です。

高卒の場合で定年まで42年間、大卒の場合38年間会社で働いてきたことになります。現在の状況は、年金支給開始の後ろ倒し化により40キロ近く走ってきたマラソンランナーのゴールが急に5キロ延ばされた感じです。今後は、あと5キロと思って走っていたら更にゴールが遠くなっていたということも十分ありえます。

「仕事を辞めたらのんびり温泉でも」と思っているうちに人生が終わってしまうことだけは避けなければなりません。体力的にも何でもできる60歳台前半の人生の貴重な時期を「やりがい」を持って過ごすことがこのシナリオ選択では一番重要なポイントです。

それを怠ると、第1章冒頭で紹介させていただいた定年退職者の失敗事例のような事態にならないとも限りません。

50代の今になるまで毎日満員電車に揺られ、台風のときにも大雪のときにも出社し続けたあなたは、もう十分会社に対しては忠誠をつくしてきました。「出世のために」とつきあいで会社の飲み会に出る必要ももうありません。今までのように会社人間として会社の将来を真剣に考えることは、もうあなたの役割ではないのです。

いつかは、先の見えない**「エンドレスなマラソンレース」**から自ら主体的に働く期間を決められる**「エイジレスな人生レース」**に乗り換える必要があります。

このシナリオを選択する際でも、今までの就社意識をきっぱり振り払って、会社軸から自分軸へ人生の優先順位を変更する、ある意味ドライな割り切りが非常に重要です。

●リスク／短期的には一番低いが……

続いてリスクについて考えてみます。

無事に60歳定年まで勤め上げ、給与は半減しますが、長年慣れ親しんだ会社で再雇用されることができたあなたにとって、やはりこのレールに乗り続けることがその時点の選択としては**短期的には一番リスクの少ない選択**かもしれません。

もちろん、事業環境の変化や会社不祥事によるリストラ、M&Aによる事業売却なども考えられ予断を許しませんが、それは「転職」「出向」シナリオも同様です。

ご自身で家族環境などを踏まえ将来のキャリアを考えた上で「会社に勤め続ける」という判断がなされるのであれば、それは**自らの意思を持って選択した重い決断**であり、他人にとやかく言われる筋合いはありません。何ら恥ずべきことなく、堂々と会社にしがみついていけばいいのです。

しかしながら、このシナリオを選択する大部分のシニアの方で、「会社に勤め続ける」という積極的な**意思を持って選択される方はほとんどいません。**

「まわりのみんなも再雇用で働くから」「特にやりたいこともないし」「まずは取りあえずそのまま。そのうち考えよう」という何となくの理由からこのシナリオを選択している方が大多数です。

このシナリオの最大のリスクは、こうして自らのキャリアを振り返る機会もなく60歳以降の仕事になし崩し的に突入することです。定年退職後に同じ会社で再雇用されるとは、どのようなことなのか、あらためて考えてみます。

65歳までの雇用継続に対して再雇用で対応する企業が大多数（80％超、厚生労働省「平成27年就労条件総合調査」）ですので、大部分の皆さんが当事者として対応するのは、このパターンになります。
会社によっては定年再雇用後のシニア社員のことを「嘱託社員」「シニアスタッフ」「シニアエキスパート」など会社独自の名称で呼んでいるところも多いですが、名称にかかわらず、**その本質は高年齢者雇用安定法による「1年ごとに契約更新を行う非正規の有期契約社員」**です。新卒で入社以来、正社員として安定した身分で過ごしてきた大企業のビジネスパーソンにとっては、人生ではじめて「非正規社員」として働くことになります。

厚生労働省のホームページにこの法律の性格がよくわかるQ＆Aが掲載されていますので一部をご紹介しましょう。

【高年齢者雇用安定法Q＆A】

問1：継続雇用制度について、定年退職者を継続雇用するにあたり、いわゆる嘱託やパートなど、従来の労働条件を変更する形で雇用することは可能ですか。

答1：継続雇用後の労働条件については、高年齢者の安定した雇用を確保するという高年齢者雇用安定法の趣旨を踏まえたものであれば、最低賃金などの雇用に関するルールの範囲内で、**フルタイム、パートタイムなどの労働時間、賃金、待遇などに関して、事業主と労働者間で決める**ことができます。

問2：本人と事業主の間で賃金と労働時間の条件が合意できず、継続雇用を拒否した場合も違反になるのですか。

答2：高年齢者雇用安定法が求めているのは、**継続雇用制度の導入であって、事業主に定年退職者の希望に合致した労働条件での雇用を義務付けるものではなく、**事業主の合理的な裁量の範囲の条件を提示していれば、労働者と事業主との間で労働条件等についての合意が得られず、結果的に労働者が継続雇用されることを拒否したとしても、高年齢者雇用安定法違反となるものではありません。

いかがでしょうか。「少し給与は下がるかもしれないが、今までとほぼ同じような条件で65歳まで働ける」と思っているビジネスパーソンも認識が少し変わったのではないでしょうか。Q＆Aで読み取れるように、制度の運用は企業次第で決められるのです。

60歳以降の再雇用は、60歳前とは契約形態も違いますので、今まで現役時代に享受してきた労働条件がそのまま適用されるわけではないのです。第1章で失敗事例としてあげたAさんの事例がその典型です。

「定年延長」であれば、従来の労働条件が継続して適用になりますので、例えば病気で休まざるをえなくなった場合には正社員の休職規程が適用になります。

しかし、「再雇用」の場合には、1年ごと契約更新の非正規従業員です。非正規従業員は、休職規程の対象にしないという企業がほとんどです。病気の程度にもよりますが、「翌年の契約更新は無し」ということも十分にありえるのです。

今まで享受してきた手厚い福利厚生制度もすべてが適用されるわけではありません。例えば、住宅融資制度や退職金制度は、長期勤続を前提に正社員を対象とした制度ですので、定年後の再雇用者には適用しない場合がほとんどです。

そのため、住宅ローンも60歳定年退職と同時に一括返済をしなければならず、このときになって予想外の出費にあわてるビジネスパーソンも多いのです。虎の子の退職金が一瞬で消えてしまうこともあります。

このような事態になった場合に、Aさんのように体調不良などでこのレールから外れてしまうと大変なことになります。本来準備すべき定年前の50代に何の準備もマインドセットもしていないからです。

果たして何の準備も無しに60歳以降の仕事探しを一から開始して、やりがいある、希望する仕事につける可能性はあるでしょうか。大変困難です。

これからは、65歳を超えても働ける限りは年齢にかかわらず働き続ける時代になっていきます。定年前に一度立ち止まって自らのキャリアを振り返る機会は絶対に必要です。

「再雇用」のメリット・デメリットを理解しないまま流されるように安直にレールに乗りがちなことが、このシナリオの最大のリスクなのです。

60歳以降の定年後に自分が今の会社にそのまま勤務する場合に、どのような労働条件（賃金、休暇制度、福利厚生制度）が適用になるのか、これだけは最低限確認しておく必要があります（あなたは果たしてご存知でしょうか？）。

こんなシニアは若手から嫌われる

「今の会社に勤め続ける」シナリオを選択する場合には、周囲の若手との良好な関係を築いておくことも重要です。次のような言動は嫌われます。

◆「お先に失礼。えっ少し手伝ってくれって。君の担当の仕事なんだから自分でやったらどうか。ラッシュ前に帰りたいんだ」（極端なマイペース。プライド高く仕事はえり好み）

◆「書類づくりが僕の担当。チェックして、あとは頼むよ。自分の仕事が多すぎて手伝う余裕なんてないよ」（進んで仕事をしない。周りと協調できない）

◆「年だからパソコンは苦手なんだ。グラフの入力を頼める？」（ＩＴが不得手で初めから敬遠。何でも年のせいにして逃げる）

「今の会社に勤め続ける」のも決して楽ではありません。少なくともエクセルのＶＬＯＯＫＵＰ関数くらいは使えないと「使えない高齢者」というレッテルが貼られます。

当たり前のことですが、勤め人は上司を選べません。今までのような肩書も権限も無くなり、刀狩りで武器無しとなったような状態で、相性の悪い若手上司に遭遇すると大変です。変な上司の元で働くと、年を重ねた50代シニアといえども簡単につぶされます。

このシナリオは、「自分で考えなくてもよい」という条件とトレードオフで「生殺与奪権を会社に委ねる」ことを意味するのです。

安定度／バブル世代以降は保証ナシ

このシナリオは、今までは安定度抜群のシナリオでした。

高度成長期を生きた団塊の世代は、60歳定年まで勤め上げ、あいだを空けることなく厚生年金を60歳から受給、あとは文字通り小遣い稼ぎの感覚で60歳以降のキャリアを歩めたのです。

定年近くまで誰もが着実に給与が上がり続けた時代のビジネスパーソンにとって、あえて乗った列車を降りる必要はまったくありませんでした。他のシナリオとしては、管理職層を対象とした「出向」があったくらいで、それ以外のシナリオは無かったと言ってもいいくらいです。

しかしながら、今まで盤石だったこのシナリオも、バブル世代とそれに続く団塊ジュニア世代にとっては、今までのように安定度の高い選択にはなりえません。

勤続年数や年齢が増えるほど賃金がアップする年功賃金は、１９９０年代の成果主義導入等もあり、従来に比べてフラットになってきているとはいえ、50代で給与のピークを迎える形はいまだに変わっていません（「平成23年労働経済の分析」厚生労働省サイト掲載の賃金カーブより）。

年齢・勤続を積むほど給与が高くなる仕組みのもとで、社内で最も人員の多いバブル世代が押し寄せてきたら結果はどうなるか？

結果は明らかです。仮に従業員数は変わらなくても会社が負担する労務費総額は大幅にアップします。この状況に対応する方法は次の３つです。

①シニア層の**給与を下げる**
②シニア層を社内に抱えず**社外に排出する**
③（給与は減額しないで）**給与に見合うだけの成果**をシニア層に求める

標準労働者（継続勤務者）の賃金カーブ

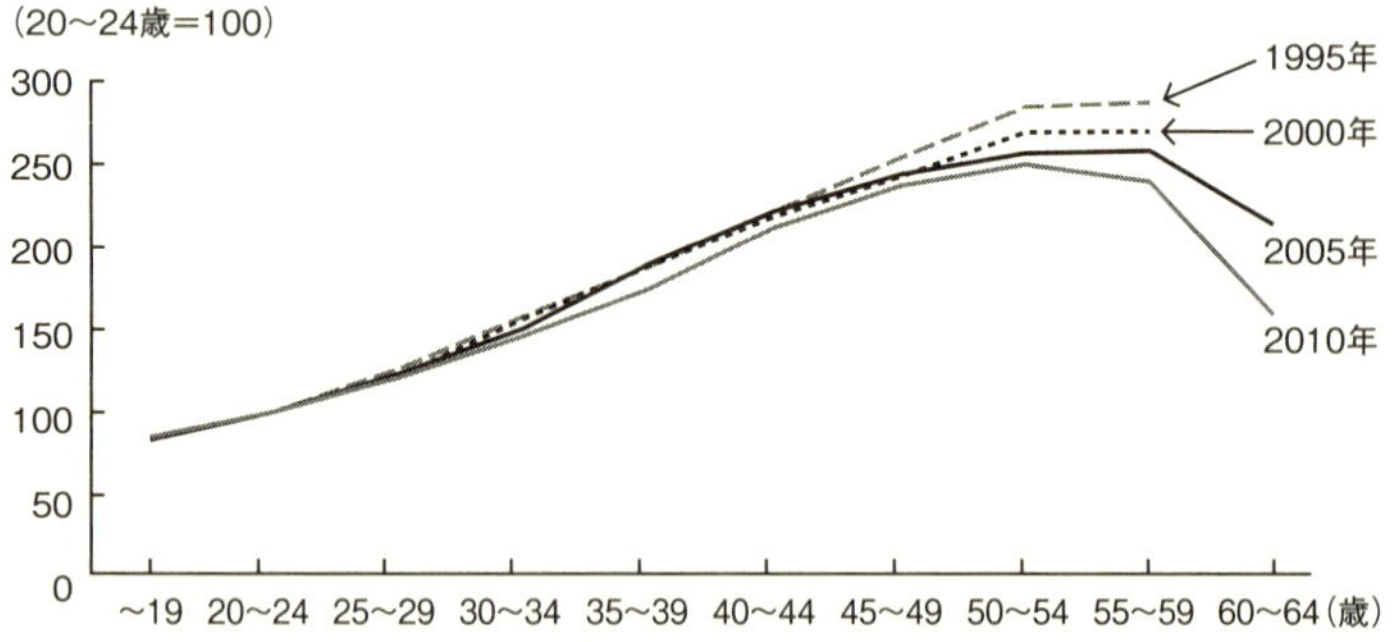

資料出所　厚生労働省「賃金構造基本統計調査」をもとに厚生労働省労働政策担当参事官室にて推計
（注）　1）標準労働者とは、学校卒業後直ちに企業に就職し、同一企業に継続勤務していると見なされる労働者のこと。
2）数値は、産業計の男性労働者による所定内給与を中学卒、高校卒、高専・短大卒、大学卒をそれぞれのウェイトで合算し、学歴計としたもの。

各企業は、迫りくる労務費アップに対応するため、年齢・勤続ではなく役職・ランクに従って賃金を払う（＝重要なポジションについていない者の賃金は下げる）方法に賃金制度を変えていますが、これは①の効果を狙ったものです。

また、最近では毎年の昇給原資を若手層に厚く配分して相対的にシニア層の賃金水準を下げています（賃金カーブのフラット化）。

景気も良く人手不足気味の現在では、一時なりを潜めているようにも見えますが、同時並行して実は②の方法も進めています。

シニア層、企業どちらも望ましい3つ目の方法はどうでしょうか。経済誌で定期的に特集が組まれるほど「働かないオジサン」問題は深刻化していますが、その解決のめどはまったく立っていません（この問題は根が深いです。世代間でお互いＷＩＮ－ＷＩＮの関係を保つためにも、会社、高齢者双方が互いに譲り合うことが必要です）。

今までは安定度の高い「会社に勤め続ける」シナリオでしたが、いよいよバブル世代＆団塊ジュニア世代が本格的にシニア化することにより、今後は必ずしも安定感のあるシナリオではなくなってきているのです。

いつまで働けるか／再雇用は1年ごとの勝負

「平成28年度高齢社会白書（内閣府発行）」で、60歳以上の高齢者に「何歳ごろまで収入を伴う仕事をしたいか」と質問したアンケート調査結果があります。

「働けるうちはいつまでも」が28・9％と最も多く、次いで「65歳くらいまで」「70歳くらいまで」がともに16・6％という数字になっており、就労を希望する高齢者の割合は71・9％となっています。

人生90年時代の今後は、「働けるうちはいつまでも働く」ことが生活面でも生きがい面でも（認知症予防など）健康面でもMUSTになってきます。

「働きたい」ではなく「何があっても働かざるをえない」のです。

「会社に勤め続ける」シナリオで最も問題なのは、この点です。高年齢者雇用安定法の改正により65歳までは企業に雇用継続が求められていますので、65歳までは何とかいけるかもしれません。

しかしながら、65歳になると会社もやれやれと肩の荷を降ろしてお役御免となります。

60歳前に一度立ち止まって自分のキャリアを考えることなくなし崩し的に65歳を迎えた場

合、以降のキャリアはノープランになってしまいます。

さきほどの高齢社会白書を見ると65歳以上でも仕事についている人は49・0％となっており、約半数が働いています。「意外に働いているな」という印象もありますが、調査対象の現在のこの世代は60歳から厚生年金の報酬比例部分が支給された世代です。これから高齢者になる今のシニア世代とは環境が違うのです。

もちろん、人によって差はありますが、この白書で調査対象となっている高齢者は、年金減額を避けるためにも文字通り「小遣い稼ぎ・ボケ防止」の就業でOKという方も多いのです。

しかしながら、後に続く我々50代シニアは、こんな悠長なことは言っていられません。65歳以降もそれなりの収入を確保すべく、働き続けなければ生活が成り立たないのです。

晩婚化により、子供が生まれる年齢もどんどん遅くなり、学費負担のピーク時が後ろ倒しになっていることも65歳以降も働かざるをえない理由の一つです。

会社任せで65歳以降の自らのキャリアを考えずにこのシナリオを選択すると、最後の最後でつけが回ってくるのがこのプランです。

もちろん最近は70歳まで雇用継続する企業も増えてきていますが、ご自身の仕事が高齢シニアを必要とする業種、職種かどうか冷静に見極める必要があります（大企業ほど「定年延長」ではなく、「定年再雇用」で対応しています）。

専門性向上／経験ナシの3K職場に行かされることも

それでは、シナリオ1を選択し、無事60歳以降も再雇用された場合の仕事はどうなるのでしょうか？

「労政時報（第3852号）」調査を見てみます。フルタイム勤務の職務内容を見ると、「定年前と同一職務・同一部署」が57・8％と最多となっています。半分以上のケースで、定年前と同じ職場で同じ仕事をこなしています。

現状では、定年再雇用に対するはっきりとした人事の方針が決まっていないため、「取りあえず今の仕事をそのままよろしく」という場当たり的な対応が二つの数字になっているのです。

今後60歳以降の社員に占めるボリュームが大きくなればなるほど、同じ職場で同じ仕事をあてがうことは難しくなります。

経営環境の変化により、部署ごとの人の過不足状況は大きく変わります。かつての花形部門もマーケットの変化で廃部や縮小されたり、逆に新規事業を担当する部署が新設されたりすることは今や日常茶飯事です。

２０１５年９月施行の改正労働者派遣法により「同じ派遣社員に同じ職場で３年を超えて働いてもらう」ことができなくなりました。また、改正労働契約法で２０１８年４月以降、契約更新により契約期間が５年を超えた有期契約労働者を労働者の申込みによって期間の定めのない労働契約に転換することも企業に義務付けられました。

会社も従来のように「ノンコア業務は派遣社員や契約社員といった非正規従業員にお任せ」といった形での業務運営は難しくなっているのです。そうした中、なり手がなく人手が確保できない単純作業的なノンコア業務の要員として定年再雇用者を充当するケースも当然増えてきます。

「会社生活の先達として今まで培われたノウハウ・経験の伝承をお願いします」など悠長なきれいごとを会社も言っていられないのです。

今までの経験・スキルは関係ありません。「今人手が確保できない３K職場で働いてくれ」とまさに文字通りの非正規社員としてコマのような使われ方をするケースも増えてくることが予想されます。

２０１６年11月に東京高裁で「定年再雇用後に定年前と同じ仕事をしているのに賃金が下がるのは違法だ」との訴えに対して、「下がることもやむなし」とする判決が出ました。同じ仕事をしていても定年再雇用の場合には、下げてもいいのです。ましてや、外部の人がやりたがらないような作業を定年再雇用者にあてがう場合には、今までの給与水準とは切り離された外部の非正規の賃金相場（場合によっては最低賃金レベルかもしれません）に切り下げられていく可能性が高いです。同一労働同一賃金の原則です。

60歳以降65歳までの期間を今まで40年近く培ってきた経験・ノウハウを活かすことなく、誰にでもできるアルバイト的な業務につくことは、決して望ましいことではありません。せっかく長年培ってきた貴重な経験・スキルを「死蔵」させてしまうことになります。

60歳以降にどのような仕事があてがわれるか？

それはその時になってみなければわかりません。何をするのかは、あなたの側で決めることはできません。**「条件含めすべてを会社の決定にお任せする」**、これがこのシナリオの本質です。

事例

「今の会社に勤め続ける」シナリオの事例をいくつか紹介させていただきます。成功事例も失敗事例もありますが、やはり定年後の仕事に対するマインドセットが成否の分かれ目です。

事例①（成功）
～代替できないジャパンルールの実務家・外資によるM&Aがあっても、日本で事業運営をする上でMUSTのスキル・経験を持つ実務家は強い～

・規模は小さいが部品メーカーに勤務し、工場の生産技術の実務の要として活躍していた。
・勤務していた企業が海外メーカーに買収され、外資系となる。外国人トップ、スタッフが工場に赴任し、一部社員のリストラも始まった。生産技術の同僚も歯が抜けるように退職していった。
・上司には外国人が赴任してきたが、原料や製品物流、納入先会社の検査の厳しさ・複雑さ、また工場の環境対策、地域対策など複雑なジャパンルールに外国人上司は戸惑い、さじを投げそうになった。

・こうした中、生産技術の担当であったが、積極的に担当外である環境対策や地域対策などのルールづくりを進め、地域の信頼度アップに貢献。

・外資系経営者からの信頼も厚く部長に昇格し、処遇もよくなった。

事例②（失敗）

～定年再雇用にはなったが、あまりに意欲のない勤務態度に職場の若手の反感を買い、退職したケース～

・出世の限界も見えたが、特に挑戦したいことも見当たらず、無理せず与えられた業務範囲をつつがなくこなすことで会社生活を送ることを考えていた。

・65歳までの雇用継続により、現行職場で仕事も変わらず再雇用となった。現役時代に比べると大幅な給与ダウンにはなったが、課内の若手に比較すると高給取り。

・シニア社員が再雇用されたことにより、期待していた新卒配属が見送られたという噂が流れ、課内若手から不満噴出。周囲から給与分を働いていないという視線が強くなり、遠慮なく工数業務が割り当てられることが増えてきた。

・新たに中途採用されたはるかに年下の課長より、契約更新の条件として顧客開拓業務（営業）での契約を提示され、この歳からの職種転換は無理ということでやむなく退職。
・次の仕事のあても無く、シルバー人材センターに登録し、漫然と仕事の斡旋を待っている。

事例③（失敗）

〜技術の方向性が変わり、長年従事してきた研究領域が開発中止。他の技術領域に移ることもできずに退職したケース〜

・入社以来、研究所で排気ガスの研究一筋のエンジニアとして働いてきたが、会社の事業の方向転換があり、技術的研究も先細りになった。30年間の研究継続が無駄になる。
・年齢的に他の技術分野に移ることも難しく、汎用性のある管理スキルも蓄積してこなかったため、やむなく退職することになる。

解説

・技術領域の変化により、今まで積み上げてきたキャリアが陳腐化したケース。今後ＡＩの進展による自動運転化、ガソリンから燃料電池への動力変更など、自分の技術分野の方向性については常に目を向けておく必要がある。

・コモディティ化（陳腐化）する前の製品領域のエンジニアでは、キャッチアップする中国、韓国企業での勤務という選択肢もあり得るが、2～3年の期間限定でお払い箱になるケースも多い。

事例④（失敗）

～会社に継続勤務するつもりでいたが、親の介護のために退職。5年間のブランクは大きく、介護終了後に職務に戻ることができなかったケース～

・優秀なエンジニアであり、会社に対しても特に不満はなく、役職定年でラインを外れた後も今の会社で勤務を続けるつもりでいた。

・しかしながら、定年退職直前に地方で暮らす親の介護が必要になった。親の介護のため、会社を定年直前で退職し、退職金で食いつなぎながら5年間の介護をつとめた後、神奈川に戻り、再就職活動を始める。

・5年間のブランクは大きく、また60歳を超えたエンジニアを採用する会社もなく、アルバイト程度の仕事についている。介護5年間で退職金は底をつき、余裕のない生活を強いられている。

解説

・法律で93日間（3カ月間）の介護休業が取得できることは知っていたが、3カ月での対応では解決は困難、と周囲に相談することなく退職してしまった。介護に関する知識不足から、どうしても自分一人で介護することに意識が回りがち。

・介護休業制度に関する民間調査（2016年11月）でも、約8割の人が介護休業制度について その内容を知らないという結果が出ている。

・介護休業期間は、本人が直接介護するための期間ではなく、今後どのように介護をサポートしていくかを関係者とコーディネートする期間であることを認識していなかった。

・介護に関する知識がなく、介護保険など周囲のサポートをコーディネートすることなしに、自らが介護すべく安易に退職という決断をしてしまったことが問題。

・団塊の世代が75歳（後期高齢者）に達する2025年問題が今大きな課題になりつつあるが、今の会社にそのまま継続勤務する場合でも親の介護など周辺要因を考慮したキャリアプランを事前に考えておく必要がある。

② シナリオ２　「転職する」

「シニアになってから転職する」というシナリオはどうでしょうか？

平成26年版の「労働経済白書」は、副題に「人材力の最大発揮に向けて」を掲げ、日本におけるキャリア形成について興味深い分析をしています。

この白書を見ると、男性では、30歳台から50歳台前半までは、約半数が初職から離職することなく就業を継続していることがわかります（第１章でご紹介したように大企業ではさらに高い７割のビジネスパーソンが最初に就職した会社に勤務し続けています）。

勤務を継続する傾向は１９６７年10月〜１９７２年９月生まれの世代（２０１７年時点で45歳〜50歳）を底としてその後の世代は意外なことに上昇しています。最近の若者ほど転職することにためらいがなく回数を重ねているイメージがありますが、決してそのようなことはなく、今でも日本の「就社」意識は根強いようです。

こうしたデータを見ても**「新卒で今の会社に入社、いやな時期もあったが気がついたら**

いつの間にか50代になっていた」というビジネスパーソンが日本の平均的な姿であることがわかります。

ごくまっとうな会社員生活を送ってきたこうしたビジネスパーソンにとっては、転職シナリオは、心理的にも一番ハードルが高いシナリオです。

もちろん、55歳を過ぎてから転職してステップアップするビジネスパーソンもいます。しかし、それは今まで外資系をはじめとする何社かでトップマネジメント経験を既に積んできたような特別なマーケットの人たちの話です（先ほどの白書でも、年収１５００万円以上の高所得者層では転職経験２回以上の者の割合が高くなっています）。

シニアの転職は、「四捨五入の法則」が当てはまる

シニアの転職には、「四捨五入の法則」が成り立ちます。「54歳までは何とかなるが（もちろん収入ダウンは織り込んだ上ですが）、55歳を超えると職を得ることすら難しい」という経験則です。

採用する側の立場に立ってみましょう。シニア採用は即戦力としての採用ですので、ま

ずは会社に対して短期間で目に見える形での成果を期待します。

次に3年あるいは5年間を単位とした中期経営計画レベルでの成果も期待しています。やはり、短期だけでなく中長期でも継続的な成果を出してほしいのです。

これが55歳以降の転職では、会社の中期経営計画のサイクルを1回もまわさない、あるいはせいぜい1回まわして定年退職ということになります。前回の反省点を次の中期経営計画に反映するという当たり前のビジネスのPDCAサイクルがまわせないのです。

つまり55歳を超えた人には、中長期での貢献は、はなから期待できないのです。そのため、55歳を超えたビジネスパーソンは、十把一絡げで60歳定年退職者と同じリタイア市場に組み入れられてしまうのです。企業の早期退職優遇制度も55歳までは適用、それ以降は対象外という会社が多いのもその表れです。

以上、転職シナリオの概観です。続いて、シナリオ1「今の会社に勤め続ける」と同じように多面的に「転職」シナリオを見ていきましょう。

収入面／55歳を過ぎたら現状維持は無理

身も蓋もない言い方ですが、55歳を過ぎてからの転職で長年積み上げてきた今の給与水準を他社で維持することは困難です。特に大企業にお勤めで今の給与水準が世間水準を大きく超えているようなビジネスパーソンにとっては、給与ダウンは免れません。「大企業の係長≒中小企業の部長・役員」というのが世間水準なのです。

まったくの準備無しからの転職では**給与半減、もっと現実的にいうと職が見つからないという最悪の事態**も覚悟しておく必要があります。また、転職活動期間が長期化するリスクもありますので、失業保険が終了してからの無収入期間の持ち出しも考えておかなければなりません。

もちろん上がるケースもあります。例をあげると以下のようなケースです。

（ケース1）：役員レベル（部長ではダメです）で会社全体のマネジメントをしており、今も頻繁にヘッドハンターからコンタクトがあるビジネスパーソン

（ケース2）：コモディティ化（陳腐化）する前の先端技術を持つ「英語ができるエンジニア」「海外勤務を厭《いと》わないエンジニア」で、かつ3年程度の短期での雇用でもかまわないという腹のくくりができるビジネスパーソンなど

いずれにしても極めて限定される例外ケースと思ったほうが安全です。

転職時点だけで考えると収入ダウンが避けられないシニア（特に55歳以上）からの転職ですが、長い目で見ると収入がトントンというケースもあります。

大企業ではありえませんが、中小企業では60歳、65歳は当たり前、70歳過ぎてもラインの管理職として現役バリバリという会社はたくさんあります。

こういう企業への転職であれば、トータルの収入面では遜色のない転職が可能です。「当初大幅に給与は下がるが、その分長く働くことによってトータル面積で元を取る」戦略です。とはいうものの一般的には収入面だけを見るとシニアからの転職は非常に厳しいというのが現実です。

やりがい／「想定外」か「想定内」かで天地の差

「リストラによりやむなく転職」の場合、よほどご自身でマインドセットしない限りは、「やりがい」どころではありません。まずは、当面の職を確保することが最優先になります。

シニアにとっては、リストラにより（結果として）転職を強いられることは決して珍しいことでありません。その場合でも**「想定外」**の転職だけは避けなければなりません。内外へのアンテナを高く張り、事態に備えて事前に準備しておくことでリストラによる転職も**「想定内」**の出来事に変わります。

転職シナリオのメリット・デメリットも十分理解し、日頃から転職サイトで自分の市場価値を見極めた上で選択する転職シナリオであれば、ピンチをチャンスに変えることも十分可能です。外部からの圧力は、ご自身の決断を後押ししてくれる強力な推進力にもなり得るのです。

リスク／在職中に「次」を決めるのは鉄則

シニアから事前の準備なしで転職というシナリオを選ぶことは、極めてリスクが大きいです。重複する部分もありますが、シニア特有のリスクをまとめます。

①日本の多くの企業では50代前半に給与水準のピークを迎えるため、転職による大幅な年収ダウンを覚悟する必要がある

②案件の絶対数が少なく、希望する職種につけるとは限らない（背に腹はかえられず）

③求職活動も長期化しがち。失業給付期間が「充電期間」ならぬ「放電期間」になり、「見た目にも覇気がなくなる→気力・自信もなくなる→面接の印象も悪い→面接に落ち続ける」という悪いスパイラルに入る

④正規ではなく非正規雇用でしか就職できない可能性が高い

⑤子どもの教育費などがかさむ時期ということもあり、家族の理解・協力が得られないことが多い

よく言われることですが、50歳台からの転職は在職中に決めておくことが鉄則です。「退職して失業手当をもらいながらのんびり考えよう」というスタンスでは、リスク120%です。

また、シニアからの転職に関しては、⑤の家族の理解と協力が必須です。配偶者を巻き込まない転職活動は、ほぼ100%失敗します。

●安定度／結果を出せなきゃお払い箱も

「今の会社に勤め続ける」や「出向」に比べると安定度は大幅に下がります。

シニア層の採用では、出身会社との**取引拡大を狙い**とした採用も多いことは十分認識しておく必要があります。このケースでは、取引拡大ができなければ即お払い箱になります。出身会社も、一度目の表敬挨拶は受け入れてくれますが、たとえ紹介者が元役員であっても取引ニーズがなければ発注はしません。

今までの人脈を**マネタイズ**（お金に替える）しようとする転職はリスクが大きく、今まで長年築いてきた人脈を一挙に失うことにもなりかねないので要注意です。

いつまで働けるか／転職先の定年は調べておく

「転職」シナリオも勤め人である以上、60歳定年、あるいは65歳で打切りという期間限定の働き方であることは変わりません。このシナリオでも65歳以降の働き方という点では不安は拭えません。

このシナリオの効果的な使い方は、「将来の起業に向けて足りないスキル・知識・人脈を構築する」「予行演習としてその領域の経験を積んでおく」といった先を見据えたキャリアプラン実現のためのステップとして利用する場合です。

また、早めに65歳以降もエイジレスで（年齢にかかわらず）働ける会社に移っておくという戦略もあります。

世の中には（人材確保が難しく慢性的な人手不足という面もありますが）年齢にかかわらず働けるうちはずっと働ける中小企業がたくさんあります。ＴＶの旅番組でベテランの職人さんが年齢に関係なくイキイキ働いている姿を見て本当にうらやましいと思っているビジネスパーソンも多いのではないでしょうか。

新幹線から早めにローカル線に乗り換え、風景を楽しみながら最終目的地に向かうのも旅の醍醐《だいごみ》味です。

●専門性向上／独立前の経験もつめる

「今の会社に勤め続ける」シナリオでは、会社に全てお任せですので、基本的に仕事は選べず提示された仕事をこなすだけになります。

これに対して、（もちろん準備なしの追い込まれ転職ではダメですが）このシナリオをキャリアプランの一ステップとして主体的に選択した場合にはメリットが出てきます。

わかりやすい具体例をあげると次のようなケースです。

ビジネスパーソンが夢見る定年後のあこがれの仕事として**「ペンション経営」「そば打**

ち」がよくあげられます（皆さんの中にも夢見ている方は多いのではないでしょうか？実際に実行する人は少ないですが）。こうした将来プランが見えている人が実行前に事前の経験のために、短期間旅館業やそば屋（富士そばなどのチェーン店含む）に転職するパターンが該当します。

最終目標達成のための手段としての転職であれば、シニアからの転職も決して悪いことではありません。

事例

シニアからの転職事例をいくつか紹介させていただきます。成功例・失敗例とありますが、事前準備の有無が明暗を分けています。

事例①（成功）

〜商社で培った長年の東南アジア販路開拓経験を活かし中小企業の海外進出をサポート〜

・商社で長年東南アジアでの営業に従事し、課長職までは昇格。しかしながら部長以上の出世はないことが見えていた。予定通り55歳で役職定年によりライン課長を外れ、スタッフ業務に替わる。

・役職定年を機会に、仕事へのモチベーションを「出世」から「自己実現」に切り替え、定年後は再雇用の道を選ばずに、長年培ってきた東南アジアでの販路開拓経験を中小企業の海外進出支援のために活かすことを目標としたキャリアプランを立てる。

・役職を外れてからは、自らの海外経験を可能な限りノウハウとして可視化・定着化することを続け、後輩指導に役立てた。また、各種中小企業支援団体のセミナー等にも積極的に参加し、ネットワーク作りに励んだ。

・60歳で計画通り定年退職、再雇用ではなく自ら就職活動をして中小企業基盤整備機構のアドバイザーに転職し、日本のグローバル化の尖兵として活躍した海外経験を活かし中小企業サポートに徹している。

事例②（失敗）

～想定外の役職定年宣告に「自分は外でいくらでも通用する」と根拠ない自信で事前準備無しに退職して失敗したケース～

・管理職になれない同期もいる中で部長職にまで昇格し、サラリーマンとしては成功したと思っていた。また、今後の頑張り次第ではまだ役員の目もあるのではと思っていた。

・ところが55歳のとき想定外の役職定年で部長職解任を申し渡され、社内のキャリア開発部署での社外を含めた次のキャリアの開拓を打診される。

・社内で「追い出し部署」と噂されるキャリア開発部署とのコンタクトを指示され、プライドを大きく傷つけられる。「大企業の部長であり、外へ出ればいくらでもヘッドハンターから声かけがある」との根拠のない自信から退職。

・転職市場では社内のみの管理調整スキルしか持たない人物（いわゆる「部長ができます」人材）との評価を受け、年収維持はもちろん、給与半減でも面接で落とされる。

・すっかり自信を無くし、偶然社外で会った元の会社の人からは「髪もボサボサで別人のようだった」と噂される始末。

③ シナリオ3　「出向する」

□ドラマのネガティブなイメージが強いが

「当面の間、出向を命ず」

こうした辞令を受けたら皆さんはどう感じるでしょうか？　多くのビジネスパーソンにとって、以下のような受け止め方が一般的ではないでしょうか。

「何でよりによって俺なんだ。これで出世競争からも脱落だ」

少々古い調査（２００９年）ですが、人事の専門誌「労政時報」で行った「出向制度に関する最新実態」（第３７６３号・09・12・11）という調査があります。

出向制度に関して４０００社に対して実施したこの調査ですが、そのなかに各社人事担当者に「在籍出向における課題」を質問した項目があります。

各社から課題としてあげられた中で最も多かった回答が、**「出向に対してネガティブな印象がある」**の45％、以下「出向前後の教育・研修制度が整備されていない」36％、「出向元と出向先との労働条件の差が大きい」34％と続きます。

２００９年の調査ですので、２０１３年に放映された日曜劇場「半沢直樹」の前の時代の調査です。おそらく、今調査を実施したら、ドラマの影響もあり、出向に関するネガティブなイメージは更に高まっていることが予想されます。

ネガティブなイメージが強い「出向」ですが、その理由を考えてみます。

一つは、今まで社内出世レースにエントリーしていたビジネスパーソンにとっては、役職定年同様、出世競争からの脱落といった受け止め方が強いことです。もちろん、会社によっては子会社から本社に返り咲いて社長に就任というケースもありますが、「シニアからの出向」というと、やはり片道切符で「出向→左遷」というイメージがあります。

２つめの理由は、日本ではまだまだ「就社」意識が強く、会社を替わることによる寂しさや喪失感からくるネガティブな感情です。いつまでも親会社の社員でいたいのです。

３つめの理由は、先ほどの調査でもありましたが、給与の減額といった出向によって受けるであろう実際的な不利益イメージです（後ほど説明しますが、実はそうではないのですが）。

また、人事部も事前の説明なしにいきなり「出向」発令をしたり、出る側（出向者）も気持ちの整理をつけずにネガティブな感情を持ったまま出向することも悪い印象を増幅させています。

私自身30年間のサラリーマン生活で出向を3回経験しました。また、転籍した会社では、人事責任者として出向者を逆に受け入れる立場も経験しましたので、出る側と受け入れる側双方の気持ちがよくわかります。

また、人事部では、管理職の出向制度を運営する部署におりましたので、出向制度のメリット・デメリットもよくわかっているつもりです。

出向というのは、世間的にはネガティブなイメージを持たれがちですが、それは現実を知らないだけで、実は当事者にとって意外とうまみのある人事制度なのです。

□いつまでもあると思うな出向制度

出向が制度として普及拡大したのは、昭和50年代と言われています（『選択定年制の普及実態』高齢者雇用開発協会編）。

かつては会社の食堂、売店、保険、旅行、警備、社宅管理などの業務は、総務部など社内の部署が担当していました。

当時は、高度成長の真っ盛り、従業員は年々増えていった時代です。儲けをそれほど追求せず福利厚生の一環として商売をする分には、自社のグループ内の従業員を相手にするだけで十分商売が成り立つということで、各種サービス子会社が設立されました。

しかしながら、現在はどうでしょうか。

例えば、多くの会社で利用している事務用品の通信販売会社アスクルの仕事は、以前は社内の総務課、あるいはグループ内のサービス子会社で扱っていた業務ですが、その取扱い点数の多さ、デリバリーの迅速化などを考えると、とてもグループ子会社では太刀打ちできません。

こうした効率的に安価でサービスを提供する専門会社がどんどん世の中に生まれる中、効率の悪いグループ内サービス会社に仕事を任せる意味も薄れてきます。こうした事情もあり、実際グループ内子会社の売却はどんどん進んでおり、出向先会社はどんどん少なくなっています。

また、連結会計により子会社の労務費も親会社の財務会計に合算されますので、労務費対策として子会社に人を出向させる意味あいが薄くなっています。

かつて「出向制度」は、日本の「終身雇用制度」を補完するサブシステムとして大企業の中高年従業員の排出先・雇用調整弁としての役割も果たしてきました。しかしながら、土台となる終身雇用制度の変化とともに「出向」制度も今や変化しつつあるのです。

こうした環境変化を受け、多くの企業では関連子会社では出向先を確保できなくなっています。企業のキャリア開発を担当する部署の大きな役割は、今は関係会社以外の出向先を開拓することにシフトしているのです。

「出向は、関連子会社に出るもの」と思っていらっしゃる方が多いと思いますが、今や資本関係のない無関係の企業へ出向することが一般的になっています（２００１年日本労働研究機構の調査でも連結決算対象外企業への出向が56％と半数以上です）。

私の知っている事例では、メーカー総務担当者がお寺の社務所へ出向（その後転籍）したケース、自動車メーカーの技術者が漬物会社へ出向したケースなどもありました。

また、調達のグローバル化に伴う企業系列解体も出向制度に大きな影響を与えています。「金の切れ目が縁の切れ目」ではありませんが、発注が無くなれば人の受け入れも無くなります。

一般的にネガティブなイメージが強い出向ですが、今あなたが出向制度を利用できる恵まれた環境にあるのであれば、シニアの特権と前向きに出向を捉え、キャリアチェンジの選択肢の一つとして積極的に検討されることをオススメします。

「これで俺の出世の目も無くなった」「自分のサラリーマン人生はこれでお終《しま》いだ」とご自身の境遇を嘆くビジネスパーソンが多いですが、**「今なお出向制度が機能している会社にいることこそビジネスパーソンとして成功の証《あかし》」**と考えたほうが正しいです。

娘さんの結婚直前に出向を命じられ、「娘の結婚式までは、（今いる世間に名前の知られた大企業に）居させてくれ」と懇願した大企業サラリーマンがいたという話を聞いたことがあります。

この話を聞いて「そうだよな、気持ちはよくわかる」と共感するようでは危険です。完全に就社意識に取り込まれ、社畜化しています。

少し、出向シナリオに肩を持ち過ぎた感がありますが（何しろ自分自身3回も出向生活を過ごしてきたもので）、それでは、例によって「出向」シナリオのメリット・デメリットを項目別にニュートラルなスタンスで見ていきたいと思います。

収入面／給与は出向元、時間は出向先が基準

「出向に出ると給与が下がる」というイメージをお持ちの方が多いかと思いますが、実際はどうなのでしょうか。

「出向」という言葉は誰もが聞いたことはあるかと思いますが、人事担当者以外の方は**意外と出向制度についてご存知ない**のではないでしょうか。この場をお借りして人事制度としての出向制度について少し解説させていただきます。

実は、出向に関して直接その定義を定めた法律は何もありません。それゆえ当然ながら「出向期間中の出向者の給与はこうしないといけない」などと取扱いを定めた法律もありません。

何ら法的根拠がない出向ですが、会社から出向を命じられた場合、それでは辞令を断ることはできるのでしょうか？

残念ながら、企業が就業規則や労働協約などで、あらかじめ出向に関する社内規定を設けている場合は、出向の対象となる社員本人の同意は原則的に必要ないとされています。つまり社員本人にとっては、予想外の辞令であっても出向を拒否することはできないので

す。

先のドラマでも出向命令に対して拒否することなく、やむなく命令に従う場面がありましたが、たとえ片道切符であることが明白な場合でも出向命令は有効です（その後の転籍は会社命令だけではできません）。

こうした強力な威力を持つ出向命令ですが、出向を命じられた場合、それではどのように出向者の労働条件は決まるのでしょうか？

それは出向先と出向元間の協議で決まります。その場合には、賃金・評価など**主要な労働条件については、出向元の条件を適用し、勤務日、勤務時間については出向先の条件**に従うケースがほとんどです。

もし仮に出向先の賃金規程を適用ということになると、どこの会社に出向するかによって給与水準が異なることになります。また、概して大企業から中小企業への出向というケースが多いこともあり、出向先基準により給与がダウンとなると、それは従業員のモチベーションダウンに直結します。こうしたことを避けるためにも出向中の賃金については出向元基準で取り扱うことが定着しており、賃金水準を維持しているのです。

まずは、世の中の常識に反して**「出向期間中、給料は下がらない」**という理解でいいかと思います。それでは、「出向」シナリオに本当に収入面でのリスクはないのでしょうか。

ドラマなどでは出向により収入が大幅に下がるように扱われていますが、**在籍出向と転籍（出向）が混同**されています。出向の収入面でのリスクは、出向期間が終わり、転籍するタイミングで顕在化します。

転籍とは、出向元を退職して出向先にあらためて入社することを言いますが、新たに入社することになりますので、賃金など労働条件もあらためて出向先基準で設定することになります。この場合に企業規模の違いもあり、賃金が下がるケースが多いのです。

もちろん転籍は会社の命令だけでは成立しません。出向者本人、出向元会社、出向先会社の**3者の合意**がなければ成り立たないのが転籍です。

一般的に部長など高ランク者ほど出向から転籍までの期間が短く設定されており、実質的に転籍を拒否できないケースが多く、逆に管理職ではない組合員である一般層では定年まで出向のままという会社もあります。

出向の場合の収入ダウン如何は、出向期間がどれくらい続くか（＝いつ転籍するか）によりますが、出向期間中に関しては「今の会社に勤め続ける」シナリオと同じであり、特に不利な面はありません（出向先の業績により、賞与水準に差が出ることはあります）。

また、会社によっては、転籍による給与ダウンの補てんとして退職金に転籍加算金を上乗せして、トータルでは元の会社にいる場合と変わらないような調整をしている会社もあります。

世の中のイメージでは、労働条件が切り下げられるという悪いイメージが強い「出向シナリオ」ですが、出向中給与はイーブン、転籍時にもその減額分を補てんする制度が適用されるケースも多く、「会社に勤め続ける」シナリオと実はそれほど変わらないのです。

やりがい／感じるかどうかは自分次第

やりがいについては、出向先でも今まで経験してきた業務に関連した仕事に従事することが多く（出向に関するネガティブなマインドさえ無ければ）、それほど落ちることはありません。

子会社や規模の小さい企業へ出向する場合には、今まで役職についていなかった一般従業員が先方では課長に就任したり、出向元会社では課長だったのが一段階昇格して部長になったりするケースもあります。

出向先で求められている役割をきちんと自覚し、出向先に骨を埋める気持ちで業務をすれば、出向はやりがいのあるシナリオです。出向を契機にモチベーションアップする例は数多く見てきました。

少なくとも3回の出向経験がある私にとっては、出向は将来のキャリアへのスキル・知識を磨き上げるやりがいある絶好の機会であったことをぜひお伝えしたいと思います。

リスク／リスクはないが、言動に注意

シニアからの出向でマインドセットさえしっかりできていれば、リスクらしいリスクは思い浮かびません。

先述の通り、出向期間中は今の給与水準がキープされ、役職も上がる可能性のあるシナリオです。転籍により給与ダウンのリスクはもちろんありますが、出向先での頑張りによっては給与アップの可能性もあります。

出向は、例えて言えば「座席指定の乗車券」を会社からもらうようなものです。通常の転職に比較すればリスクはゼロに近く、4つのシナリオで最もリスクが少ない選択肢がこの「出向」シナリオです。

全般的にはリスクの少ないシニアからの出向ですが、やはり前向きなマインドセット無

しに出向すると失敗します。シニアからの出向者には、「もう本体での出世は無理だ、残りのサラリーマン人生を子会社で楽に送ろう」という無気力タイプ、「レベルの低い子会社を俺が指導してやろう」という上から目線タイプで来る人もいます。

私は人事として出向を受け入れる側の立場も経験してきましたが、こうしたスタンスでは出向先から間違いなく総スカンをくらいます。

ご本人は、そうしたオーラを隠しているつもりですが、出向先の従業員には、態度・言葉の端々でその人のスタンスはまるわかりです。

例えば、出向先での第一声の挨拶で、

「発令を受けたときには、大きなショックを受けましたが、気を取り直して精一杯頑張ります」

「今まではがむしゃらに頑張ってきましたが、こちらでは無理せずにマイペースで頑張りたいと思います」

「本社では、〇〇に関する第一人者として活躍してきました。こちらは、〇〇に弱点があるようですので、今までの経験を活かしてすぐに効果を出して貢献したいと思います」

（ご本人は親しみを持ってもらおうとの趣旨だとは思いますが）「趣味はゴルフです。こちらでは時間的な余裕もできると思いますので、最近ごぶさたぎみでしたが、ぜひ再開したいと思います」

等々の発言です。

ここまであからさまな例は少ないですが、聞いている側はその発言の裏にある本心を敏感に感じ取ります。注意したいポイントです。

安定度／出向元と同等以上

最近は、関連子会社以外の出向先も増えていますが、会社もむやみやたらにリスクある会社に自社の従業員を出向させません。多くの出向担当部署では、出向候補企業に関しては、従業員を出向させて問題がないか事前に企業の信用度チェックを行った上で出向先を選定しています。

また、関連会社に出向の場合、親会社より会社の規模は小さくなりますが、従来の100％親会社依存型の商売からの脱却を進める会社が多く、系列外に積極的に商売を伸ばしている会社が多くなっています。

先ほどの事務用品通販のアスクルも文房具・事務機器のプラス株式会社の一事業部から

スタートし、今や3000億円を超える売上をあげています。無印良品を展開する株式会社良品計画も、もともと西友の100％子会社でしたが、親会社西友は、セゾングループを経て今は外資のウォルマートの子会社になっています。

ビジネスパーソンにとって「寄らば大樹の陰」の選択は今や昔話です。規模が大きく事業が多岐に渡れば渡るほど、企業は不採算部門を切り捨て、収益の上がる伸びしろのある事業に特化する「選択と集中」戦略を志向します。

会社分割、合併、事業売却など、大きい会社に居続けることがかえってリスクになる昨今、今いる会社と出向先会社どちらの安定度が高いかはわかりません。かつての不沈戦艦のように図体が大きければ大きいほど安泰という時代ではないのです。

世の中的には、ネガティブな印象の強い「出向」シナリオですが、安定度に関しては「今の会社に勤め続ける」シナリオと遜色なし、同等以上の安定度と言っていいと思います。

いつまで働けるか／出向先の規定に従う

中小企業への出向・転籍の場合には、ガチガチの制度運用を貫く親会社より年齢の弾力性はあるかもしれません。

この点では、「今の会社に勤め続ける」より有利なシナリオと言えますが、子会社の場合には、親会社の人事制度をそのまま適用しているケースも多く、65歳以降の雇用継続は一切なしという運用をしている会社も多いです。

年齢にかかわらず働けるかというポイントについては、**「勤め人」**である以上共通して65歳までという期間限定の制約を受けますので、この項目については五十歩百歩の違いです。

●専門性向上／心がけ次第で大いに広がる

このシナリオで一番優れているのが、この項目です。**長年担当してきた業務に関連する仕事につく**ことが多く、今まで培ってきた経験・スキルを、第一線の現場でもう一度活かすことができます。

また、職種にもよりますが、出向先では一般的に幅広くありとあらゆる業務を担当することになります。例えば大企業の人事部では、その中で採用、給与、労務、教育と担当業務が細分化され専門化されているのが普通ですが、中小企業が多い出向先ではそんなことは言っていられません。

採用から退職まで、場合によっては今までは担当したことのない経理、総務、安全衛生、防災対応まで一手に引き受けることになります。

逆に「何でもやってやろう」「今までの知識・経験を今一度実務の現場で試すチャンス」というスタンスを持たずに出向先でのんべんだらりと仕事をすると、せっかくのチャンスが活かせません。

「今まで経験してきた知識・スキルを今一度ブラッシュアップして、武器として磨きあげよう」

「自分の専門に隣接する周辺業務まで担当でき、業務の幅を広げられる貴重なチャンスだ」

そう思えるかどうかで勝負が決まります。

事例
シニアからの出向事例をいくつか紹介させていただきます。やはり出向に対するマインドセットがポイントです。

事例①（成功）

〜役職定年と同時に自らのキャリアを冷静に見つめ直し、出向を契機に第二のキャリアをスタートさせたケース〜

・管理職になれない同期もいる中で課長まで昇格したが、55歳役職定年で課長職から降りることになる。社内のキャリア開発部署での社外を含めた次のキャリア開発を打診される。

・役職定年を自分自身のキャリアを冷静に見つめるチャンスと捉え、前向きに今後のキャリアを検討すべく社内のキャリア開発のコンサルタントと面談を重ねる。

・今までの専門性を活かせる中小企業の技術部長職を紹介される。規模は格段に小さくなるが、これまでの経験を活かせる仕事であり出向。

・大企業で培った生産技術・改善ノウハウを評価され、その企業の技術担当役員に就任、年収も役職解任前の水準の800万円をゆうに超え、65歳を超えての活躍も可能になった。

解説

・規模、ネームバリューにこだわらず、仕事軸で自分の経験・スキル・知識を活かせる職務への転身が功を奏したケース。
・シニアからの出向は、今までの自身の強み、社風などを熟知した社内コンサルタントを経由したほうが、役職・年収も落とさずに転身できるケースが多い。
・大企業では当たり前と思っている技術・改善ノウハウも、業種・規模を変えれば、まだまだ大きなバリューがあり、活躍できる場合も多い。

事例②（失敗）
～好条件の出向案件を奥さんの猛反対により辞退。既に後任決定済で社内にポストも無くなり退職したケース～

・営業部門の管理職をつとめていたが、55歳で役職定年になり社外に転身先を見つけなければならないことは、先輩管理職のキャリアを見ていて十分認識していた。
・55歳で予定通り役職定年となり、外部への出向先を探していたが、間もなく規模は小さいが年収（700万円）も下がることのない好条件の案件が出てきた。
・本人も乗り気で条件、ポストも先方と調整がほぼ決まった段階で、奥さんに中小企業に一年後に転籍する条件で出向することを話したところ、「そんな名前の会社聞いたこともない、周りの仲間はまだ会社にいるのになぜあなたが外に出なくてはならないのか」と猛反対を受け、結局出向辞退の申し出をすることになった。

・ポストを空けて待っていた先方会社のメンツをつぶすことになり、後任者も既に決まっており、ポストが無くなった。

・その後、同様の条件の案件が出てくることは二度となく、結局退職勧奨を受け、退職せざるを得なくなった。

④ シナリオ４　「独立起業する」

□ どうせ大幅給与ダウンするなら恐れるほどリスクは大きくない

「独立起業」というと、長年一つの会社に勤め続けたビジネスパーソンには、「とんでもない、自分とは無関係の別世界」という思いを持たれる方が多いのではないでしょうか。「転職」「出向」ですらシニアにとってハードルが高いのに「独立起業など想像外の世界、とても無理」という感覚です。

その理由には、「独立」と「起業」という、実は異なる内容が「独立起業」という一つの言葉に括られていることにも原因があります。

「起業」という言葉がどうしても「新たなビジネスを起こす」「ベンチャーで一旗あげる」というイメージを思い起こさせますが、実は「独立」自体はそんな大それたことではありません。

ただ、会社に雇われて会社から間接的に給与を受け取る方法から、会社には雇われずに直接社会から報酬を受け取る方法に変わるだけです。

私も3年前に30年間の会社員生活から「独立」し、独立業務請負人（IC＝インディペンデント・コントラクター）に変わりましたが、実は仕事の内容はほとんど変わっていません。変化をわかりやすく式で表すと、

「独立」＝「会社員時代の仕事」－（「会議」＋「部下の面倒見など労務管理」＋「社内調整業務」）＋「少しの庶務業務」といった感じです。

もちろん、シニア世代からの「起業」も十分可能ですが、まずは「独立」をスコープに入れると、気持ち的にもハードルが下がります。

というものの、やはり「独立」「起業」へのハードルは高いものがあります。いつもの「収入面」「リスク」……といった多面評価に先立ち、まずはシニアにとって独立起業が有利な点を考えてみたいと思います。

□シニアにとって「独立起業」が有利なこれだけの理由

「会社人生の先が見えた」＝「これからのリスクも見える」という事実

会社に滅私奉公してきたビジネスパーソンも、50歳の声を聞くと、さすがに自分の出世の限界が見えてきます。なかなか納得はできませんが、「何となく先は見えたな」という感覚です。

「この先が見えた」という事実は、ビジネスパーソンにとってはモチベーションを大きく下げるネガティブな要因です。しかしながら、シニアにとって決して悪いことばかりではありません。**「会社人生の先が見えた」＝「これからのリスクも見える」**ことを意味するからです。

「昇給・昇格の呪縛」からの解放

日本では、年1回新卒として横並びで会社に採用され、長い長い「勤め人マラソンレース」に参戦します。定年というマラソンゴールを目指してスタートを切った日本のビジネスパーソンに途中でのコースアウトは許されません。

「自分はまだ上位に行ける、ここで頑張ればメダルが取れる」「メダルはいらないが平均タイム以上での完走を果たす」、人により思いの程度は違いますが、「出世」というニンジンをぶら下げられた日本企業のビジネスパーソンは、少なくともミドル世代までは走り続けなければならない仕組みになっているのです。

理由は、この時点ではまだ**不確定要素が多く先が読めないから**です。明確に結果が出るまでは、期待と不安を抱えながら毎日会社の指示に従わなければなりません。

この点、シニア世代になるとさすがに先が見えてきます。「昇給・昇格の呪縛」から解き放たれることは、若手・ミドル層にはない大きなアドバンテージです。

将来収支が計算できるメリット

また、シニア世代では人生3大支出のうち2つ「住宅」「教育」（もう1つは「老後資金」）に関しても、「子どもがいつ大学に入学し卒業するか」、「ローンはいつまで続くか」等々かなりの確度で計算することができます。

例えば「55歳で役職を降り、給与は七掛けに下がり、60歳再雇用時にはピーク時の半分になる」など厳しい現実ですが、これからの収入が計算できるのです。入りと出が読め、また具体的な将来のリスクが読めることで独立起業のハードルは下がります。シニア世代は、独立起業に関しては若手・ミドル世代に比較してこうした大きなアドバンテージを持っているのです。

社内営業から社外営業へ活動シフト

また、役職定年で責任範囲が狭くなることは、「独立起業」を目指すシニアにとって実は順風です。責任範囲が狭くなったことをマイナスに捉えるのではなく、その分時間的・精神的な余裕ができたと考えればいいのです。

私も今年で56歳になりますが、55歳を過ぎてから急激に学生時代の同窓会が増えてきました。一つには第一線のラインから外れ時間的な余裕ができてきたこと、もう一つの理由は、同期の仲間もお互い所属する会社の社内の飲み会、ゴルフなどをもはや優先する必要がなくなったことにあります。

「昇給・昇格の呪縛」から解き放たれたシニア世代は、もはや社内営業に精力を注ぐ必要はありません。その力を社外営業に向ければいいのです。しがらみのない人脈拡大の絶好のチャンスです。

若手・ミドル層に比較して、独立起業に必要な「お金」「人脈」「経験」を備えたシニア世代は、新たな投資も必要なく独立起業のチャンスなのです。

それでは、例によってシニアにとっての「独立起業」シナリオについて、項目ごとに見ていきたいと思います。

収入面／細く・長く・複線化が基本

第一ステップの目標は給与面で無理をしない

会社員生活を継続すると、役職定年→定年再雇用というタイミングでシニアの皆さんの給与は2回大幅に下がります。最終的には、シナリオ1で見たようにピーク時の良くて50％、平均すると年収300万円といったところに落ち着きます。

夢がないのは、この水準は上がることがなく**下がる一方**であり、しかも60歳から長くて**5年間の期間限定**の再雇用だということです。

シニアの独立起業は、まずこの収入水準の確保を目標の第一ステップとすることをおススメします。**この水準を確保する**のであれば、「独立起業」シナリオは、決して無謀ではなく現実的な選択になります。

シニアからの独立起業は、**「細く・長く・エイジレス」が基本コンセプト**です。決して「ここで博打《ばくち》を打って一旗あげよう」などと考えてはいけません。退職金を全額つぎ込むような独立起業はシニアにとってはタブーです。

もう一つのシニアからの独立起業の基本コンセプトは、**「複線化」**です。何も内容や仕事先を一つに絞る必要はありません。また、一つの働き方に拘る必要もなく、業務内容やお客様のニーズにマッチした働き方を選択すればいいのです。

私のケースですが、人事総務サポートの独立業務請負人として働く際には、個人事業主として業務委託契約を結んで働きますが、日数限定でパートタイム的に働く際には、非常勤の勤め人として雇用契約を結んで働いています。状況に応じて仕事の形態を選べばよく、何も「独立＝事業主」と硬直的に考える必要はないのです。

長年フルタイムで会社勤めをしていると複数の企業で働くことはできないという感覚を持ちがちですが、これは会社の兼業禁止規定が頭に染みついているからです。

独立起業のシナリオを選択し、臨機応変に「あるときは雇われ人、またあるときは個人事業主」と怪人二十面相（少し古いですが）的なゆるやかなスタンスでのぞめばいいのです。

小さな仕事を数多くこなすことで収入源も分散化され、時の経過とともに、そこから枝葉のようにつながりも広がります。初めはどうしても低空飛行ですが、続けていれば徐々に収入も積み上がっていきます。

シニアからの独立起業は、**様々な就労形態を組み合わせて、まずは定年退職後再雇用の給与水準を確保すること**を考えればよいのです。

再雇用平均年収であるおよそ３２０万円（月額26・６万円）を雇用（アルバイト・パートタイマー・派遣）、業務委託・請負など様々な組み合わせで達成する方法を考えてみてはいかがでしょうか。

それほど難しいことではありません。しかしながら、この一歩の踏み出しが後々大きな変化になっていきます。

独立のデメリットと言われる社会保険もシニアにとっては関係無し

最後に社会保険面から独立起業を見てみます。

独立して個人事業主になると自分で社会保険に加入する必要があります。会社に勤めていれば国民年金に上乗せして厚生年金に加入することになり、その保険料の半分は会社が負担してくれます。これが独立すると厚生年金の適用はなく国民年金のみになり、保険料も全額自分で負担することになります。

若手・ミドル層にとっては、この部分が独立起業の壁になります。厚生年金が積み上がらないうちに厚生年金制度から脱退することになるからです。

シニア世代はどうでしょうか。60歳以降も企業に雇われるならば、70歳まで、厚生年金に加入する必要があります。厚生年金を十分積み上げているにもかかわらず、更に保険料を納め続ける必要があるのです（積み上げ分がまったく無駄になるわけでなく報酬比例部分には反映されます）。

また、在職老齢年金（支払われている給与により年金を減額する仕組み）の対象となりますので、給与支給額によっては大幅に年金が減額になることもあります（年金減額になっても給与と年金を足した総額は、65歳以降増えるような制度にはなっていますので、以前のように働き損にはなりませんが）。

一方、独立起業して個人事業主になった場合には、厚生年金の被保険者にはなりませんので（非常勤で勤務している場合でも勤務日数が少ないと入らない）、年金減額は関係なく、個人事業主としての収入にフルの年金が支給されます。

若い世代にとっては、企業に雇用され社会保険、労働保険に加入することは大きなメリットになりますが、60歳を超え、65歳、70歳という年齢を見据えた場合には、社保加入は必ずしもメリットにならず、収入面ではマイナス要因にもなりかねないのです。

●やりがい／「出世」から「自立」に切り替える

このシナリオでは、「自分の得意なこと」「自分がやりたいこと」を自分のペースで行うことになります。キャリアの推進エンジンを「出世」から「自立」へ載せ替えて、第二のキャリアを歩むこのシナリオこそやりがい面では最強のシナリオです。

20年、30年と長年企業内の現場で培われた知識や経験はだてじゃありません。今の企業内では当たり前のやり方が他の会社、他の業種では貴重なノウハウに変わります。

長年貢献してきた企業からお荷物扱いされてまで勤務を続けることほど精神衛生上悪いことはありません。毎日満員電車に揺られることも、大雪・台風のとき、無理に出社することも少なくなります。

場所を限定されない働き方（テレワーク）が可能であり、スケジュールの自由度も高いこのシナリオは、万が一の親の介護対応などにも適応力が高いシナリオです。また、自分で業務スケジュールを組みながら仕事を進めることができますので、子どもの学校イベント、家族・親戚の行事などにも参加しやすくなります。

リスク／避けて通れない5つのリスク

「独立起業」シナリオは、常に仕事が準備されている他のシナリオに比べるとリスクが高いです。想定されるリスクをあげてみます。

① 顧客獲得のリスク（お客さんがいなければ無収入）

商品（サービス）を買って下さるお客さんがいなければ収入はゼロです。顧客の確保が最大のポイントです。

② 契約打ち切りのリスク

せっかく結んだ契約も提供サービスレベルが低いと契約更新とならず、スポット契約となってしまいます。契約更新時期には、常にハラハラすることになります。

雇用保険も適用外ですので仕事が無くなっても失業手当の給付は一切ありません。

③ 体調不良などで稼働できないリスク

サラリーマンには、休職規程があり（多くは正社員対象ですが）、また病気で働けなくなった場合でも健康保険による傷病手当金の支給があります。独立するとこうした手当金は一切ありません。

④ 業務上傷病等に関するリスク

サラリーマンには通勤途中の事故を含めて労災保険の適用がありますが、個人事業主にはありません。仕事途中で交通事故にあってもそれは自己責任です。

⑤ 組織に属さないことによる（孤独感など）メンタル面でのリスク

会社という組織で働くのではないので、全部自分で責任を持ち、自分で判断しなければなりません。長年組織にいた人間にとっては、こうした孤独感はメンタル面での大きなリスクです。

こうしたリスクを十分理解し、その対策を織り込みながら仕事を進めていくことが独立起業シナリオでは必要になります。

安定度／安定はしないが続けることが大事

個別契約を一年契約、あるいは半年契約などで更新していくことになります。非正規従業員の雇用の不安定なことが話題になりますが、それ以上に不安定なのが独立した個人事業主です。

景気悪化の局面では、真っ先に契約打ち切りの対象になりやすく、安定度は低いと言わざるをえません。安定度をあげるために、①業種・クライアントの複線化、②契約期間の長期化、③景気変動を受けない業種での業務開拓（お役所など公の業務）などの戦略を講じる必要があります。

私と同じ時期に勤め人から独立した同世代の方が何人かいます。皆さん独立してから丸3年以上経っていますが、全員新たな道を歩み続けていています。

「放浪の天才画家」「日本のゴッホ」「裸の大将」と呼ばれた山下清さんをご存知でしょうか。ドラマ「裸の大将放浪記」のモデルとして知られています。おにぎり好きの彼が周囲の人から貰ったおにぎりを食べるシーンが印象的でした。

彼がある人から「おにぎりがもらえなかったならどうするか？」と聞かれた際に、**「おにぎりがもらえるまで歩くから、もらえないってことはないんだなあ」**と答えたと言われています。

独立起業も同じです。歩み続けていれば、結果は自然についてきます。

いつまで働けるか／働くこととは生きること

他のシナリオでは実現できない、このシナリオの最大のセールスポイントです。定年も雇用主との契約期限もありませんので、働ける限り仕事を続けていくことが可能です。70歳を超えて現役で仕事をしている人は、例外なくこのシナリオを早いうちから自ら選択した人です。

また、「働くこと＝収入を得ること」とは限りません。高齢になる前に少しずつ自分の活動範囲を、会社から自分の住む地域へシフトしていく必要があります。「65歳になって会社との契約も終了した、それではこれから地域の活動にでも参加してみるか」と重い腰をあげてももう遅いのです。

あなたが会社生活中心で地域活動など目もくれなかったあいだに、ボランティア的にP

ＴＡ活動や子ども会活動に積極的に参加している「先の見えたビジネスパーソン」がいます。いつの間にか、地域の長老、あなたの奥様、地元の自営業者などは、会社や役職など関係のないコミュニティを既に形成しているのです。

もちろん、地域コミュニティも「来る者は拒まず、去る者は追わず」で、決して新規加入者を排斥するようなことはありません。こうした活動の経験が少ないビジネスパーソンにとって、地域デビューの最もてっとり早い方法は、少しでも早くから地域活動に参加することなのです。いくら大企業の役員と言っても地域活動に肩書は必要ありません。参加年数の長さがモノをいうのです。

65歳雇用継続化により65歳まで企業に人材が抱え込まれるようになってきていることもあり、シニア層の地域活動やＮＰＯ活動への参加年齢は年々遅くなっています。

私も独立後、いくつかの地域活動等に参加していますが、どちらも65歳前辺りの「若手」人材不足は深刻です。

認知症の原因は、人とのコミュニケーション不足だと言われています。65歳で再雇用期間の終了とともに社会との接点が切れ、自宅に閉じこもりでは認知症への道まっしぐらです。

ベストセラーである藤田孝典氏の『下流老人』（朝日新書）で、下流老人かどうかを判断する基準として次の3つがあげられています。

①（高齢期の）収入が著しく少ない、

②十分な貯蓄がない、

③周囲に頼れる人間がいない、の3点です。

4つのシナリオのうち、地元に腰を据えた「独立起業」シナリオは、これらの対策になります。

年齢を重ねれば重ねるほど学生時代のように新しい友人を気軽に作ることは難しくなります。早め早めの対策により、自らの健康寿命を延ばし、下流老人化を防ぐためにもこのシナリオを選択することは大きな意味があります。

専門性向上／経験を「見える化」「標準化」する

自分の得意な分野で仕事をしていくことになりますので、長年培った専門領域の特化と専門レベルの高度化につながります。言い換えると、専門性を常に最新のものにブラッシュアップし、高度化しておかないとこのシナリオは成り立ちません。

自分の得意とする専門領域に対する、あくなき興味と熱意を持ち続けることができれば、このシナリオは、「長年の経験・ノウハウの標準化」→「商品としての汎用性アップ」→「現場で入手した最新情報の注入」→「商品としての更なる魅力アップ」という好サイクルに入ります。

長年の現場の実体験は貴重であり強力な武器です。あとはこれを「見える化」し、「標準化」するだけです。

事例

シニアからの独立事例をいくつか紹介させていただきます。

事例①（成功）

〜エンジニアから営業・人事という職種転換を前向きに捉え、独自性あるキャリアに転身したケース〜

・大手メーカーにエンジニアとして入社し、40代で営業部門に異動となり、ライン管理職として働いていた。

・50代になって技術部門、営業部門の両方の職域の経験があることで、人事部キャリア開発室に異動になる。人事部とは、自分のキャリアから一番遠い部署との思いがあり、キャリアの断絶に悩む。

・キャリア開発部署への異動を前向きに捉え直し、カウンセリングに必要な研修や資格取得にチャレンジした。

・研修には、異業種の同様な職務担当者や独立してカウンセリングを行う参加者もおり、同期会を発足、研修終了後も定期的な勉強会を続けた。

・60歳の定年前に研修講師として独立、70歳を超えた今でも多くの企業クライアントを持ち、毎日忙しい日々を過ごしている。

・自身のキャリアチェンジのきっかけとなった社団法人の事務局メンバーとして若手カウンセラー養成・指導にも取り組んでいる。

解説

・エンジニアから営業職など、ミドル・シニアの年代で会社からコース変更命令を受け、モチベーションを下げてしまうケースが多い。

・こうしたキャリアチェンジのきっかけを前向きに捉えて、「技術のわかる営業職」「エンジニアの気持ちを理解できるキャリアコンサルタント」など、会社内で代替のきかない独自の立ち位置を確保できるケースが実は多い。

事例②（成功）

～異動命令を契機にインディペンデント・コントラクターとして働き方を会社に逆提案して成功したケース～

・営業部門から人事部門へ異動となり、人事領域で専門性を高め、やりがいをもって仕事をしていた。

・人事領域で今後さらに専門性を高めていきたいと思っていたところ、他部門への異動を命じられる。現行担当の人事業務を業務委託契約で継続することを会社に逆提案したところ、今までの仕事ぶり・専門性の高さを会社は高く評価しており、双方WIN－WINの関係ということで、独立を果たしながら今まで通り会社の従来業務をサポートすることになった。

・フルタイムでなくなったことで、他の会社からの新規業務も受託し、「雇われない・雇わない」働き方を実現した。

解説

・シニアにとって一番リスクの少ない独立方法が、現在勤務する会社との現行業務をベースとした「インディペンデント・コントラクター」契約。会社は賃金支払い（労務費）から業務委託費（経費）に変わり、本人は、労働者から個人事業主に変わる。
・複数のクライアントと契約を結び、パラレルに仕事を進められることができれば成功。
・従業員ではないため、就業規則の適用は受けず、兼業禁止規定にも抵触しない（別途秘密保持契約の締結により、秘密保持に関しては担保）。

事例③（失敗）

〜業務経験から外れた資格で独立。シニアからの資格取得は、長年従事してきた本業と関連の高い分野でないと失敗するリスクが高い〜

・勤めている会社の賃金制度も変わり、定期昇給も無くなった。今後給与が上がる見込みはゼロとなり、今の会社で働くことが苦痛となっていた。
・会社主催のライフキャリア研修を受講し、目に見えるスキルを獲得すべく資格取得を検討する。

・入社以来調達部門におり人事経験はないが、事務系資格で比較的身近な社会保険労務士試験にチャレンジすることを決める。

・土日も資格予備校に通い、3年目に合格、社労士として独立すべく会社を定年前に退職し駅近くに退職金を充当して事務所を構える。

・長年の実務経験から外れた人事系の資格であり、今までの実務経験が活かせない。売上が全くあがらない中、毎月の事務所賃料もばかにならず、賃料のために近くのコンビニでアルバイトしながら生活している。

解説

・資格を取るなら本業と関連性の高い分野の資格にすることがMUST。士業のポイントは顧客獲得であり、どんな大型資格でも看板を掲げただけでは成功は無理と心得る。

・会社にいながらお客を取れないなら、辞めても取れない。まずは、現在の会社に在籍しながら、潜在顧客開拓などを図るべきだった。

第3章

定年前に知っておきたいキャリアチェンジの基礎知識

1 キャリアチェンジの成否は定年前の準備で9割が決まる

「定年60歳になってから」ではもう遅い

60歳という定年年齢の重みが吹けば飛ぶほど軽くなりました。改正高年齢者雇用安定法により65歳までの雇用継続が企業に課されたことにより、60歳という定年が単なる通過点になったからです。

かつては定年退職というと、それは一大イベントでした。課内で大々的な送別会を開催し、最終日には定年退職者から最後のご挨拶、そしてその日だけは特別に（荷物も多いということもあり）自宅までタクシーで帰ってもらう慣習になっていた会社もあります。

また、定年退職のときには、どんな地方の一営業所の職員でも、その日だけは東京の本社に来て、感謝状の贈呈、その後（入社以来初めて直接顔を見る）社長との昼食懇談会という流れの会社も多かったと思います。

今は定年退職といっても何も変わりません。多くの人は勤務場所も仕事も変わらず、そのまま定年退職の翌日から何もなかったかのように勤務を続けるだけです。

もちろん、定年再雇用の場合には、定年の60歳で退職手続を行い、契約上は会社との関係は一度切れます。その後あらためて有期契約社員としての契約を結ぶことになるのですが、定年退職者も人事課が進める一連の事務手続に従うだけですので、自分が有期契約社員になったという自覚さえないケースがほとんどです。

単なる通過ポイントと化した60歳という最近の定年退職年齢ですが、この傾向はシニアにとって決していいことではありません。自らのキャリアを振り返るマイルストーンが無くなってしまったことを意味するからです。

今までは、60歳定年退職という区切りが、それなりに大きな意味を持っていました。家族を含めて今後の自分たちの将来計画をあらためて考えるきっかけになっていたのです。

団塊の世代では60歳で会社生活からは引退したケースも多かったですし、（この世代では年金も定年退職と同時に支給されましたので）長年夢見ていた温泉旅行、百名山チャレンジなどを実際に実行する人も多かったのです。

ところが、今の定年退職者はどうでしょうか。定年退職を迎えた平均的なシニアの心境は、次のようなものだと思います。

「会社も65歳まで法律で雇ってくれるようだ。まだ子どもも大学生だし、当面は稼がなければやっていけない。特にこれといってやりたい仕事はないし、他で働くあてなどない。まわりの仲間も65歳までは勤務するようだし、まずはこのままいって、先のことは65歳になってから考えよう」

人生90年時代の今、65歳になってからゆっくり考えるようでは遅いのです。65歳以降につながる第二のキャリアは、60歳以前までに前倒しで考える必要があります。

55歳で役職定年が告げられたら「何で俺が」と嘆くのではなく、**「しめしめ計画通り」**と、ほくそ笑んでいただきたいのです。そこから60歳という次の節目に向かって計画実行です。

人それぞれ思いも事情も違います。第2章で4つのシナリオを紹介させていただきましたが、万人に当てはまる選択肢などありません。シニアのキャリアに関する十分な知識、判断材料を持った上で、その時々に自信を持って納得いく選択をすればいいのです。

□勝ち組「団塊の世代」の先輩話は役に立たない

会社の敷いたキャリアのレールに乗ってゴールを目指すキャリア戦略は、「団塊の世代」までのキャリアプランです。

私もかつて定年退職1年前の従業員を対象とした年金、退職金などに関する企業内説明会の講師をつとめていたことがあります。受講者の皆さんは、それぞれ職場の先輩から退職金、年金について情報を得て、説明会に参加されています。

しかしながら、先輩から聞いてきた話がほとんど役に立たないのです。先輩としては自分が経験したことですので、後輩に自信を持って説明しますが、年金、退職金制度ほど世代によって法律、会社の運用が変わった制度もありません（例えば、先輩時代には確定拠出年金制度はありませんでした）。

私の説明に対して、後輩から相談された先輩が「自分のときとは違う。説明が間違っている」とねじ込んできたこともあります。

キャリアについても同様です。先輩諸氏が経験された時代と今では取り巻く雇用環境が大きく異なっているのです。

キャリアについては、先輩諸氏の話は、「話半分ならぬ話四分の一」くらいの気持ちで聞いてちょうどいいくらいです。

高度成長期とその後に続く時代は、会社任せのキャリアプランこそ間違いのない王道でした。しかし、これからは、会社の敷いたレールから一度降りて自分の将来は自分で決めなければなりません。60歳定年が実質意味をなさなくなった今こそ自ら決めたマイルストーンにそって自律的なキャリアプランの実行が求められているのです。

定年に近くなるほど保守化するシニアの意識

平成24年3月発行の財団法人企業活力研究所が実施した「シニア人材の新たな活躍に関する調査報告書」という報告書があります。シニア人材（50歳以上）の新たな活躍の方向性につき、幅広い側面から調査した報告書です。

この調査の中で「60歳以降の勤労希望」を聞いています。結果は、「何歳まで働きたいか」という質問に対して、若手・ミドル層の**過半数が60歳以下を希望**しているのに対して、シニア層は、「65歳まで」が男女ともに過半数を占めており、若手・ミドル層とシニア層の違いが表れています。

自らを振り返ってみても、若い時期には、毎日毎日満員電車に揺られながら長時間勤務をしていましたので、「もう60歳定年まで働ければそれで十分。それ以降は考えられない」といった感覚でした。この結果は納得です。

こうした意識だった若手も50歳を超えると現実的になります。調査でも60歳を超えて働きたい理由として「収入を得るなど経済的な理由」が92・4％と背に腹はかえられない状況が見て取れます。

また、続いて「60歳以降どこで働きたいか」という質問には、「今の会社又はその関係会社」が若手・ミドル層男性が36・5％、女性が35・3％に対して、シニア層では男女とも53・8％と、**年齢が上がるほど「今の会社又はその関係会社」を希望する傾向**が強くなっています。

当然のことですが、年齢が高くなるほどチャレンジする意欲は薄くなり、現状維持を選ぶようになります。自分は違うと思っても、やはり年齢が高くなるほど考え方も保守的になり、その結果、年齢が高くなるほど取りうる選択肢も少なくなってくるのです。

それでは、定年後の働き方について検討時期が早ければ早いほどいいのかというと、そうでもありません。先ほどの調査でもありましたが、若手・ミドル層にとっては、60歳以降の勤労希望など遠い先の話過ぎて真剣に考えられないのです。

大企業を中心にビジネスパーソンに対する30歳、40歳といった早い時期からのキャリア研修も行われるようになってきました。

若いうちからのキャリアに対する意識付け、またそのための早期研修はもちろん重要なのですが、実際のところなかなかその層には響きません。

私の大学時代のゼミナールの恩師・津田真澂《ますみ》先生は日本的経営論の第一人者でしたが、その著書『人事管理の現代的課題』（税務経理協会、35年以上前の本です）の中に次のようなくだりがあります。

中高年社員はしたたかである。ある集合研修の最後の日に外部講師としての話を終わって帰途の電車に乗ったところ、背中合わせにちょうど帰宅する受講者が乗り合わせていた。『おれたちの能力を開発しようだって。笑わせらあ』と威勢のよい声。どっと笑う声。だが、筆者はこれがホンネだとおもう。〜中略〜

中高年社員は実務の十分な経験者である。社内の風土も心得ている。やれることとやれないことをわきまえている。外部講師の話には、やれないことが多い。だが、その事実をそのまま表に出しては講師に対して失礼だ、ということも十分に心得ている分別盛りの年齢でもあるから、講師の立場をも考えて「有益であった」という感想を書く。

書かれている通りです。自分で真剣に考えるマインドにならないと、いくら外から言われても響かないのです。日々目の前の課題を片づけるのに精いっぱいで会社からもその達成を求められているところに、いきなり**「将来キャリアを考えましょう」**と言われても「??」です。

また、キャリア研修自体が決して受講者に好意的に受けとめられていません。受講者の間で、こうした研修は陰で会社人生の下り坂を告げる「黄昏《たそがれ》研修」と呼ばれています。戦力外通知のワンステップと受け取られている面もあるのです。

65歳以降を睨《にら》んだセカンドキャリアを考えるには適齢期があります。それが前項でも説明させていただいた55歳です。

キャリアを考えるタイミングは、早すぎても心に響かないし、遅すぎては間に合わないのです。私が提案するタイミングは以下の通りです。

①「出世」の呪縛の解けた55歳で将来キャリアを計画する
②55歳から60歳の5年間でその計画を進める
③60歳定年時に準備状況等を踏まえ自分で納得できるシナリオを選択する

周囲のシニアが60歳という定年退職のタイミングすらスルーする中、55歳からしたたかにキャリア戦略を立てておくことは、大きなアドバンテージになることをお約束致します。55歳からスタートすれば、60歳定年まで5年間あります。50歳まで乗っていたレールを理由なく無理に降りる必要はありません。60歳では遅すぎますが、55歳なら十分間に合います。

5年の準備期間があれば、定年退職する60歳のときに自信を持って65歳以降につながるキャリアの形成が可能です。まわりの同僚は、まだ65歳まであと10年もあるとのんびりしています。周囲に流されずに55歳と60歳というポイントに自ら強固なマイルストーンを打ち込みましょう。会社任せのキャリアのレールから自分の敷いたレールに乗り替えるのです。今日があなたの65歳以降を見据えた第二のキャリアのスタートです。

55歳になったら、「出世」から「自立」へ切り替える

どんな旧態依然とした昔ながらの企業であっても、これからは55歳で少なくとも執行役員になっていなければ、企業のマネジメント層には登ることはできません。

欧米企業とグローバルの土俵で互角に戦うために、マネジメント層へのセレクションはどんどん前倒しされており、従来のような悠長な選抜システムではとても間に合わないのです。

会社がシニアのモチベーションを下げかねない役職定年という制度を設けているのも、もちろんシニア労務費増への対策もありますが、人自体の陳腐化（旧来の意識、やり方への固執）が、こうした企業環境の変化に対して事業の妨げになることも感じているからです。

シニア世代が、「気力も体力も意欲もまだ十分持ち合わせている」「会社に貢献したいという意欲も変わっていない」「若手には持ち合わせていない長年の経験がある、若い者に

はまだまだ負けない」と思う気持ちはわかりますが、役職定年という事実上の戦略外通告を受けた今、きちんとマインドセットして冷静に次のキャリアプランを立てて実行していくことが必要です。

シニアにとって厳しい調査結果も出ています。以前紹介させていただいた企業活力研究所で、シニアと若手・ミドルの間のコミュニケーションや協力関係についてアンケート調査を行っています。

シニア層の男性41・7%、女性50・0%が「うまくいっている」という回答をしているのに対して、若手・ミドル層で「うまくいっている」と答えたのは、男性27・6%、女性35・2%とその意識に大きなズレが生じています。

シニアと仕事をする「メリット」「デメリット」という質問に対しては、メリットとして「高い技術、ノウハウなどを持ち、教えてもらえる」(62・8%)が最も高く、次に「人生の相談相手として、経験を活かしたアドバイスがもらえる」(59・9%)と続きます。我々シニアからすると「そうだろう、そうだろう」とほくそ笑む結果です。

しかしながら、シニアからすると、デメリットを見ると、「過去の経験に固執している」(56・7%)、「柔軟性に欠ける」(49・4%)が5割前後で続き、次いで「事務的な仕事を自分でやろうとしない」（37・2％）と耳の痛い結果が出ています。

また、「職場におけるシニアの地位・報酬」について、「適切」だと思う人は若手・ミドル層の4人に1人（24・0％）。半数以上が「どちらともいえない」として態度保留者が圧倒的に多くなっています。さらに**男女とも年代が若いほど「適切でない」と感じる人が多くなっている**のです。

以上の調査結果からもわかるように、我々シニア層は職場に必ずしもウェルカムで受け入れられているわけではなく、むしろアウェイで戦っているといっていいほどです。正直に言うと若手社員にとって高度成長時代に有効だった行動基準、従来のような「頑張りスタンス」は害あって益無し、有難迷惑なのです。

シニア層も自らのスタンスを変える必要があります。今までの「出世」をモチベーションとした脇目も振らない頑張りから、「自立」して少し離れたところから自らの経験・スキルを活用してアドバイスするような立ち位置の変化です。

55歳になったら、仕事に立ち向かう推進エンジンを「出世」から「自立」に載せ替えるという意識的なマインドセットが必要なのです。

□70歳まで働く時代は当たり前、企業任せは情けない

労働力人口が確実に減少する中、就業数の増加要員として期待されるのは、高齢者、女性、外国人労働者です。一人当たり生産性の向上はもちろん必要ですが、まずは数としての労働力投入が絶対必要です。70歳以上まで高齢者が働かないと、そもそも日本という国は現在の豊かさが維持できない構造になっています。

また、現行の年金制度を維持するためには、更なる給付の後ろ倒しと水準の見直し、さらには高齢者自身が受給する側から働き続けて年金を支える側に回ることが必要です。若者1人で高齢者2人を支える構図では年金制度はもはや維持できないのです。

また、長寿化の進展とともに健康寿命が延びています。昔の70歳といえば、もう腰の曲がった完全なおじいちゃん、おばあちゃんでしたが、今は現役バリバリです。

老齢医学の領域では、65歳~74歳までを「前期高齢者」、75歳~85歳までを「後期高齢者」、85歳以上を「超高齢者」と呼んでいます。65歳以上を高齢者と呼ぶ一般的な区分では、65歳の人と90歳の人が同じ一括りになってしまい、その対策などにも誤りが生じかね

ないからです。

定年再雇用で企業の雇用が終了する65歳という年齢は、この定義によると高齢者グループの小僧のような存在で、実際に平均余命も20年間もあります。人生90年時代に健康維持・増進のためにも65歳でリタイアなどということはありえないのです。

国も65歳を超えての高齢者雇用に必死になっています。65歳以降も雇用を継続する企業に対して助成金を交付するなど企業への押し付け策に汲々《きゅうきゅう》としています。

国が助成金を出すのは、企業がやりたがらないからです。非正規従業員から正規従業員への登用に対する助成金など最たる事例です。

しかしながら、ボーダレス化する市場、激化するグローバル競争の中、企業ももうこれ以上の高年齢者雇用には耐えられません。現行の年功賃金の大幅な見直しをしない限り、高年齢者雇用の押し付けは若年層の採用抑制、賃金水準抑制につながります。「若者の採用・賃金抑制→結婚しない or 晩婚化→少子化」という悪サイクルに再び突入です。「国民的な課題だし、その時になれば国や企業がどうにかしてくれるのでは?」と淡い根拠のない期待を持ちがちですが、今では国や企業任せの横並びのレールに乗り続けることはリスクです。

国、企業に頼ることなくしたたかに自らのキャリア戦略を打ち立てて、着実に実行していく必要があります。何も考えずにそのまま流されることが最大のリスクなのです。

□会社の制度も積極的に活用しよう

会社が傾きかけたときには、優秀な社員から先に辞めていくと言われます。優秀と言われる社員ほど、常に自分の将来を真剣に考え周囲へのアンテナを高くしていますので、その予兆を見逃すことなく適時に行動を起こせるからです。

ホンハイに買収されたシャープでも過去2回希望退職を募り、延べ6000名以上の従業員が会社を去りました（更なる人員削減の可能性も報道されています）。

こうした場合には、一時的な早期退職優遇制度が適用されることが通常ですが、「こうした制度に乗るか乗らないか」は当事者にとって非常に悩ましい問題です。過去様々なケースを見てきましたが、答えは簡単で**「事前に準備していればGO、何も準備していないならNO」**です。

おそらくシャープのケースでも、準備をしたたかにしてきたビジネスパーソンにとっては、これぞ好機とばかりに初回の募集からこの制度を利用してキャリアチェンジを図っているはずです。事前準備をしているビジネスパーソンにとっては、こうした制度は「渡りに船」なのです。はたから見れば年収も下がり失敗のように見えるキャリアチェンジもあります。自ら決断せずに（できずに）会社に残った人々は、キャリアチェンジした当初の年収減などを聞いて「それ見たことか」と溜飲《りゅういん》を下げることも多いのですが、実は当事者としては当初の計画通りというケースがほとんどです。

会社の業績が悪化したなど非常事態に臨時的に適用されることが多いこうした制度ですが、会社によっては「セカンドライフ支援制度」という名称で常設の制度になっている場合もあります。しかしながら、こうした制度があることは、意外に社内にＰＲされていません（会社によっては、その候補者＝戦力外になった場合にのみ制度が紹介されるケースもあります）。

逆にビジネスパーソンの側でも、下手に会社に制度を聞くと「この人間、退職を考えているのでは？」と痛くもない腹を探られるような恐れもあり、正面切っては聞きにくいのですが、事前に計画するビジネスパーソンにとっては、こうした社内制度を活用することも視野に入れておく必要があります。

シニアからのキャリアチェンジの成否は**年収の高低だけで測るものではなく、自分で納得してキャリアを選択したかどうか**です。シニア世代になると、ビジネスパーソンとして長年十分な経験を積んでいますので、**優秀かどうかは実は全く関係ありません。**成否を分けるのは、**事前に準備したか否か**かです。

今まで会社の敷いたレールに何の疑問も持たずに乗り続けてきたビジネスパーソンも会社キャリアの最後は、**「自分自身で自信を持って決める」**ことが必要です。**自分で決めたという納得感**がのちのちの行動にも大きな自信を与えます。

② 長年培った人脈・ノウハウは社会でこんなに必要とされている

□「スローノウハウ・スロースキル」は、ミドル・若手にはない、かけがえのない財産

シニアキャリアのターニングポイントである55歳というと、大卒の場合で入社以来33年の社会人経験を積んできたことになります。

「自分のキャリアなんてどこにでもある平凡なもので全然売り物にならないよ」、日本のビジネスパーソンは謙虚で控えめなので、皆さんこう言いますが、とんでもありません。数十年間の時間をかけた人脈は、ミドル・若手にはないかけがえのない財産です。

長年人事部の給与畑を歩んできたシニア世代のビジネスパーソンからキャリアについて相談を受けたことがあります。職務経歴書を見ると、こんな感じです。あっさりしています。

本人談

【職歴】1985年4月〜2015年3月　就業・給与計算全般担当
【役職】シニアマネージャー
【資格】自動車普通運転免許

このビジネスパーソンの実際の職務経験はというと、次のようになります。

実際の経験

【職歴】
・ある企業グループの給与計算シェアードサービス会社（グループ全体の給与を集中して担当する会社）で関連会社含め3万人の給与計算を担当する部署を取り仕切る実務上の責任者。
・給与計算のプロとして今まで税務署の税務調査立会い経験も豊富。
・長いキャリアの途中では給与計算システムの変更もありその対応プロジェクトのリー

ダーも務めた経験あり。
・給与明細のペーパーレス化（WEB化）推進。
・年末繁忙作業でどこも悩んでいる3万人分の年末調整を残業ゼロでこなすための仕組みを構築（標準化、他部署応援体制）。

【マネジメント経験】
・担当部署は、正社員、契約社員、派遣社員、業務委託など多様な就労形態の社員が勤務し、年齢層も60歳を超えたシニアから新卒まで混在する職場。こうした職場で、30人の社員の労務管理を行い、社員との1対1の面談から派遣会社・請負会社との契約の交渉・締結までこなしている。

【資格】
・国家資格などは持っていないが、社長賞など社内表彰多数あり。

日本の企業の中には、こうした豊富な実務経験を持つ優秀なシニア人材がたくさんいるのです。しかしながら、素晴らしい実務経験を持つこうしたシニア層も定年あるいは定年再雇用後の契約満了により、会社を離れていきます。

その後のハローワークで先ほどのような「【職歴】就業・給与計算全般担当」、という職務経歴書を提出しても、その他の若い求職者と十把ひとからげにされてしまいます。

結局、こうした長年積み上げてきた今までのキャリアを活用することなく、シルバー人材センターの紹介で、駅前駐輪場の管理人さんや工事現場のガードマン、公園清掃作業につくケースが多いのです。

外資系で転職を重ねてきたビジネスパーソンは、今までのキャリアをきちんと可視化してPRすることに長《た》けていますので、このようなケースは少ないのですが、日本企業に入社して一度も転職することなく定年まで勤続というビジネスパーソンには、このようなタイプの方が多いです。

個人で仕事をしてみると利益を継続して出すことの難しさを痛感しますが、どんなに規模が小さい会社でも、人を雇って事務所を確保し毎年利益を出し続けるということは大変なことです。その会社独自の利益を生み出すノウハウ無しには成り立ちません。

そうした組織の中でシニア世代は数十年間も仕事を続けてきたのですから、個人に独自のノウハウ・スキルが備わっていないわけはありません。あなた固有のノウハウは間違いなくあります。

そのまま今の企業に勤め続けるにせよ、転職、あるいは出向するにせよ、はたまた独立起業するにせよ、今まで培ってきたキャリアを冷静に見つめ直し、キチンと売り物として「商品化」する必要があります。何十年間の経験・ノウハウが商品化できればシニアのキャリアチェンジは成功したも同然です。

最近ではオペレーション実務については、どんどん外注化する傾向にあります。給与計算しかり、文房具発注しかり、総務の旅行手配しかりです。今の若手ビジネスパーソンは、こうしたベーシックな実務を経験することはできません。実際に行うのはベンダーであり、若手ビジネスパーソンの役割は、単なるその手配屋になっています。

幸いにして現在のシニア世代は、全ての仕事をオペレーション実務から時間をかけて経験することができた最後の世代です。

オペレーションをシステム化・外注化すると作業の意味がわからなくなり、その仕事はブラックボックス化します。

地道なオペレーション実務経験無しには、制度企画はできません。シニアは若手に対して圧倒的に有利な「スロースキル・スローノウハウ」を持っているのです。

いつの間にか「コツコツ仕事する」ということが無能の象徴のように扱われ、「グローバルな舞台で活躍する」ことが非常に華やかで高い評価を得られる時代になってきました。しかしながら、世界を股にかけて活躍するという華やかさの裏には、グローバルで競争しつづけないと成り立たない世界で戦っているという事実が隠れています。

西暦578年聖徳太子の時代に創業した世界最古の企業である金剛組など、日本には創業200年を超える超老舗企業がごろごろ存在しています。シニア全員がグローバルの舞台に登る必要もありません。日本的経営のもと、じっくり時間をかけて獲得した自らの知識・スキルを「コツコツと発揮する」ことこそシニアに適した能力発揮術であり、他にはない売りなのです。

自分ではなかなか自分のキャリアのオリジナル性には気づきません。ぜひ一度外部の第三者（キャリアコンサルタントや他業種の友人知人）にキャリアの話をしてみることをおススメします。

□バブルもバブル崩壊も、リーマンショックも経験済み シニアの経験は生きた事例の宝庫

何十年も会社員生活を続けていると、「禍福はあざなえる縄の如し」のことわざではありませんが、「あれ、これと似た経験、前にしたことあったぞ」とピンとくることが多くなります。

『サラリーマンの悩みのほとんどにはすでに学問的な「答え」が出ている』（西内啓著、マイナビ新書）という本が話題になりましたが、「ベンチャー企業が規模拡大の過程で発生する問題のほとんどは既にシニアは経験している」のです。

事業を順調に立ち上げた若手経営者には、なぜこんな問題が発生しているのか、経験がないためわかりませんが、過去に同様のことを経験したシニアにとっては、その後の経過も実はお見通しということもあります。

やはり、実体験は貴重です。

□会社の意思決定者が同世代であるシニア活用のメリットは大きい

会社の意思決定者は、シニアにとっては同世代です。「一方はビジネスパーソンとして功をあげ、それに比べて自分は役職定年か」と忸怩《じくじ》たる思いに駆られるビジネスパーソンもいるかと思いますが、そこは気を入れ替えて対応です。

やはり、同世代が決定権者というのは、大きなメリットです。同じ時代を経験して同じような判断基準や判断性向を持っています。どちらに転ぶかの読みの確度は高いです。

また、長年企業内にいた経験もだてではありません。例えば、ベンチャー企業が大企業に売り込みをかけるような場合を想定してみます。

新規取引を狙う場合など長年の社内営業により組織の動かし方を知っているシニアの出番です。大企業であれば、法務の契約書審査や財務の与信チェック、口座の開設基準などをクリアする必要があります。稟議制度に慣れ親しんだシニアにとって、決裁までのルートが走馬灯のように頭に巡ります。

無駄なルートを経由する必要もありません。「直接の取引を狙うのではなく、既に口座を持つ取引先の下請けとして入ったほうが早いな」、などという判断はシニアにとってお手の物です。

また、担当者の回答からOK・NGの真意を読み取ることができます。決裁基準、職務権限規程（DOA）も長年の勘で他社といえどもなんとなくわかるシニアの勘は貴重なノウハウです。

□若いベンチャーサポートこそシニアの出番

若いベンチャー企業には、熱意とアイデアがありますが信用がありません。立上げ当初にこそ人事、経理、総務、営業、購買など様々なサポートが必要な時期なのですが、ノウハウを持った人材を採用するのは難しいのです。

先ほど給与計算を長年担当してきたシニアのキャリアをご紹介しましたが、このシニアであれば、実はベンチャー会社立上げ当初の各種官公庁届出、就業規則など規程の整備、文書管理などお手の物です。

私もバイオマス発電企業で人事まわりの立上げのお手伝いをさせていただいたことがありますが、そこでは豊富な経験を持った各分野のシニアが活躍していました。

日本の未来を担うベンチャーが軌道に乗るまでリスクを取るのはシニア世代の役割です。『三匹のおっさん』(有川浩著、文春文庫)というシニア三人が世の中の詐欺や動物虐待に立ち向かっていく小説がありますが、世代を超えたコラボこそ一億総活躍社会の理想の姿です。

シニア世代の貴重なノウハウ・スキルを一企業内で囲い込むだけでなく、広く活用することで、日本経済もシニア世代の活性化が図れます。雇用にこだわらない働き方を選択可能なシニアこそ実はベンチャー企業の担い手であり、強力なサポーターなのです。

③ 「独立起業」する気持ちで準備すれば、キャリアチェンジ全てに対応できる

□ 最終ゴールは、「定年のないエイジレスな働き方」が実現できる「独立起業」

シニアの強みを活かして「定年のないエイジレスな働き方」を実現することこそシニアにとって目指すべきキャリアの最終ゴールと私は考えています。

山頂に至るアプローチは一つではありません。山に登る人の登攀《とうはん》技術、支援体制、そのときどきの天候など各人の事情に応じて選択すればいいのです。

登攀ルートは、第2章で説明させていただいた4つのシナリオです。一つのルートにこだわる必要もなく、その時々の状況に応じて組み合わせてもいいのです。

年齢にかかわりなく働けるまで働き続けるキャリアを志向するためには、会社での雇用には期間制限がありますので、最終的には勤め人を卒業し、個人で働くことになります。

今は計画が無くても、「独立起業」を常に意識して準備を進めることで、他の3つのシナリオの準備もおのずから完了です。シニアにとって「独立起業」準備は、オールマイティな武器を準備することになるのです。

例えば、

【ルート1】「今の会社に勤め続ける」→「60歳定年再雇用」→「65歳まで勤務継続」→「独立起業」

【ルート2】「今の会社に勤め続ける」→「60歳で定年退職」→「独立起業」

【ルート3】「今の会社に勤め続ける」→「出向命令」→「出向」→「65歳まで勤務継続」→「独立起業」

【ルート4】「今の会社に勤め続ける」→「リストラ」→「独立起業」

など様々なルートが考えられます。

いずれのルートも、「今の会社に勤め続ける」からスタートし、途中のプロセスは様々ですが、最後は「独立起業」でゴールを迎えることになります。事前準備さえしっかりしていれば、どのルートをたどっても最終的には山頂（定年の無いエイジレスな働き方）にたどり着くことができます。

□フレキシブルに働き方の選択肢を持ち、リスクを極限まで減らすのがシニアのキャリア戦略

～雇用に固執せずに逆に雇用にこだわらないことを売りにする～

シニアにとって有利なことは、先述のように多様なルートを選択できることです。結婚して家族を持った若手・ミドルのうちは、どうしても「雇用」という安定を求めざるをえません。家族を路頭に迷わせてはならないからです。老後に備えて厚生年金を積み上げておく必要もあります。

出向のチャンスもタイミングよく巡ってくるとは限りません。やはり、出向のチャンスが巡ってくるのはシニア世代になってからです。

それでは、シニア世代は、雇用にこだわる必要はあるでしょうか。厚生年金もそれなりに積み上がり、必要加入期間もクリアしています。企業に雇用され、厚生年金の被保険者になることがかえってデメリットになってくるのです。

65歳以降もエイジレスで働ける体制を作っていくためには、雇用にこだわらず臨機応変にシナリオを組み替えていく柔軟性もポイントになります。

4 シニアからのキャリアチェンジではエネルギーの大量消費は避ける

□お金・時間・体力エネルギーがかかるキャリアチェンジはシニアには不向き

起業を考えているシニアは多いです。

「2014年中小企業白書」（中小企業庁編）によると、年々60歳以上起業者の割合が増えています。シニア世代の2割近い人が起業の意思を持っているという調査もあります。

チャレンジ精神旺盛なシニアが増えてきていることは、頼もしい限りですが、シニアの起業では、次の3つのエネルギーを最小にしておくことはMUSTです。

（1）初期投資の大きい起業は避ける（お金のエネルギー）

「好きだから」という理由だけで畑違いのラーメン屋開業など退職金を全額投入し

てはいけません。シニアからの独立起業は、自分自身のスキル・経験が売り物です。

（2）時間を売る起業は避ける（時間のエネルギー）

若手・ミドル層でさえ長時間勤務に疲労困憊《こんぱい》しています。アルバイト確保難から自らに長時間残業を強いる可能性のある起業（一人店舗オーナーなど）も要注意です。

（3）肉体を駆使する起業は避ける（体力のエネルギー）

まだまだ若いといっても肉体を駆使する仕事は寿命を縮めかねません。

5 無駄な時間を費やすな
～資格についての勘違いは必ず解消しておく～

□長年培ってきた専門分野から外れる資格は道楽にすぎない

シニアから資格取得の勉強を始める方は多いです。シニアからのキャリアチェンジにおいてまずは誰もが頭に浮かべる王道です。

シニアからの資格取得を考える場合には、外してはいけない大原則があります。それは、**今までの本業と関連のある分野の資格にチャレンジする**ことです。本業から外れる資格の勉強は厳しい言い方ですが、道楽にすぎません。

資格試験の最高峰司法試験に合格して弁護士登録しても生活が成り立たないという話は今やよく聞く話ですが、どんな資格でもポイントは顧客獲得です。看板を掲げただけではどんな大型資格でもお客さんは獲得できません。

資格無しでも、会社在籍中からその分野に関して相談を受け、独立即お客が取れるくらいでないと開業しても難しいのです。また、**「実務の裏付けがないと問題解決はできない」**という当然の事実を肝に命じておく必要があります。

また、資格は麻薬のようなところがあり、当初は軽い気持ちで勉強を始めても何度もチャレンジしているうちに、本来の合格後の開業が目標であるにもかかわらず、まずは試験に合格することが目標になってきます。それまで投入してきた時間と費用を考えると途中で引き返せなくなるのです。

資格に関して厳しい見方をしましたが、それではシニアからの資格の勉強は無駄なのでしょうか。決してそうではありません。続いてシニアにおススメの資格取得術を説明させていただきます。

シニアの資格取得は、対面コミュニケーション力養成と資格取得後のネットワークづくりがポイント

シニアの4つのシナリオをうまく進めるために共通な必要スキルがあります。それは、周囲の人と短期間で良い人間関係を構築する力です。シニアに求められている役割の一つ

には、管理職と若手双方から頼られる職場のハブ的な役割があります。

今の会社にそのまま勤め続けるシナリオの場合には、若手・ミドル社員と良い関係を構築する必要があります。転職・出向シナリオの場合には、出向先や転職先で初めて仕事をする同僚と短期間で良い関係を築く必要がありますし、独立起業シナリオの場合には、クライアントと信頼関係をスムーズに結ぶ必要があります。この役割を果たすために必要な力は、対面でのコミュニケーション力（寄り添い力）です。

定年再雇用後のシニアには、今までのノウハウの若手への伝承が期待されています。今まで培った経験をきちんと「見える化」して、それを伝えるスキルが求められるのです。

こうしたスキルを養成するのに最適なのがカウンセリング系資格です。心理系の資格には、大学での専攻が必要なものが多いのですが、その中でも比較的取りやすいのが、産業カウンセラーとライフデザイン・アドバイザーです。

産業カウンセラーは、一般社団法人日本産業カウンセラー協会が認定する民間資格です。通学コースで7カ月間と時間も費用（20万円強）もかかりますが、カウンセリングの基礎である傾聴を徹底的に学びますのでシニアにおススメです。

ライフデザイン・アドバイザー資格は、私が事務局にてお手伝いしている一般社団法人ビューティフルエージング協会が認定する資格です。いくぶん手前味噌になりますが、キャリア・経済・コミュニケーション・人材育成・ファシリテーション等をバランス良く学ぶことができます。受講期間は6日間、費用は約10万円です。

いずれの講座もポイントは、対面でのコミュニケーション力が身につくとともに、資格取得後もそのスキル維持のための継続研修が設けられており、また同期会や各種会員イベントを通じて受講者間のネットワークが受講後も続くことです。また、一つの資格取得が次の資格取得につながるような「わらしべ長者」的資格取得法もおススメです。

例えば、50人以上の従業員がいる企業で必ず選任しなければならない資格として国家資格の「衛生管理者」という資格があります。過去問を何回かやれば取れる資格です。この衛生管理者資格が中央労働災害防止協会が認定する「心理相談員」の受講資格の一つになります。次は「心理相談員」資格が、初級オンラインカウンセラー資格（日本オンラインカウンセリング協会）の受講資格になります。

このように一つの資格取得が次の資格取得につながるような取り方は効率的でおススメです。いずれの資格もカウンセリングスキル獲得に役に立ちますので、シニアにとっては取得しておいて損はない資格です。

シニアの三種の神器の2つ「対面でのコミュニケーション力（カウンセリング力）」と「人脈」が一石二鳥的に獲得できる資格がシニアにはおススメです。

資格に関する事例を紹介させていただきます。反面教師としたい事例です。

事例（失敗）

【資格挑戦が年中行事化】キャリアの一発逆転を狙い大型資格にチャレンジするが何年たっても不合格。本業もおろそかになり泥沼化

・賃金制度も変わり、定期昇給もなくなった。今後給与が上がる期待はゼロとなり、今の会社で働くことが苦痛になっていた。

・同期入社の友人が行政書士資格を取得したとの話を聞き、キャリアの一発逆転を狙い、行政書士より更に難易度の高いとされる司法書士試験にチャレンジすることを決める。

・資格予備校に通い何度もチャレンジするが合格せず。今さら諦めるわけにもいかず、毎年の受験が年中行事になっている。

・資格取得にチャレンジすることで現実からの逃避ができ、資格の勉強に打ち込んでいる姿が唯一のプライドになっている。
・土日は資格予備校に通うため、家族とのコミュニケーションも不足気味。
・定時即帰宅、会社イベントにも勉強優先のため一切参加せず、会社でも浮いた存在になっている。業務もなおざり気味で会社の評価も下がる一方。

解説

・シニアからの資格取得のための勉強は泥沼化するリスクがある。
・受験回数を重ねれば重ねるほど、今まで投下した費用と時間を無駄にすることになり、抜け出せなくなる。
・「資格合格した暁には会社なんて辞めてやる」という現在の業務に対するネガティブなオーラが、本人は隠しているつもりでも周囲にはバレバレ。

⑥ 会社にいるうちに極力前倒しで体験・準備しておこう

□ 会社にいないとできないことがたくさんあるという事実～人脈～

本書では55歳から将来キャリアを計画し、60歳までに準備を進めることを提案しています。55歳から60歳という5年間は、その意味で大変重要な期間になります。「この期間」「会社内」でしか準備できないことを確実に準備することがシニアキャリアプランのポイントです。

まずは人脈づくりです。今さら人脈づくりなんて遅いのでは？と思われるかもしれません。この5年間、会社の組織人という立場で構築するネットワークが65歳以降のネットワークに直結するのです。

（社外ネットワーク）

独立を経験した人は、皆さん感じていることだと思いますが、独立と同時に商売抜きの人脈づくりが難しくなります。会社員時代は、「A会社―（社員）木村さん」VS「B会社―（社員）田中さん」という形であくまでも会社の看板を背景に社員と社員が会うことになりますが、お互い勤め人ということもあり、意外に親密な関係が生まれやすいです。

これが独立して一方が自営となると、何となく「売り込み側・売り込まれ側」という匂いが感じられ緊張感が漂うのです。

それ故に独立すると同じ立場の独立自営の皆さんとのおつきあいが増えてきます。人脈はそれなりにできますが、お互い自営業者ですので、なかなか利害関係の無いネットワークにはなりにくい関係です。やはり、商売抜きの人脈をつくるためには、お互い会社勤めのニュートラルな関係のうちにつくっておかなければなりません。

私の今の仕事は全て在職中からの関係者あるいはその紹介から獲得しています。在職中のネットワークづくりは極めて重要です。長く続く人脈ほど利害関係の無い時代に構築しておく必要があります。

そのためには、まず55歳を過ぎたら会社作成の名刺に加えて、自宅のメールアドレスが入った個人名刺を準備することが第一歩です。将来65歳以降までつながる人脈作りを意識するなら、会社を退職後も連絡が取れる個人アドレスを記載した名刺交換が必須です。

少しデザインに凝ったおしゃれな名刺は、ロフト等で作成できますし、お近くのはんこ屋さん21やネットショップでも簡単に作成可能です。55歳以降に人と会うときは、**会社名刺と個人名刺をセットで渡す**のが大原則です。

もう義理の社内営業（社内行事の優先、社内飲み会の最優先）をする必要はありません。会社を代表しての業界横断型の委員会や勉強会に積極的に参加し、会社名刺とともに個人名刺を配ります。55歳から60歳までの5年間で**入社以来のお付き合い総数を超える新たな人脈づくり**も十分可能です。

私は、ビューティフルエージング協会という一般社団法人の事務局でも仕事をしていますが、会社退職あるいは出向・転籍と同時に音信不通になる方がかなりの数出てきます。せっかく会社員時代につくった貴重なネットワークから自ら抜けていくようなものです。もったいないことです。

私は、勤め人時代から個人名刺を作っていましたが、勤め人の方から会社以外の名刺をいただくことはほとんどありませんでした。**実行している人は少ないのです。**今すぐ開始されることをおススメします。

※名刺に書ける肩書が無いからと個人名刺の作成を躊躇《ちゅうちょ》する方もいらっしゃいますが、肩書はいりません。個人のメールアドレスが書いてあればＯＫです（女性は住所も不要です）。以前、肩書として「年金生活者」と大きな文字で書かれていた名刺をいただいたことがあります。インパクトがありました。

（社内ネットワーク）

社内の人脈づくりもこの時期が本番です。長年競ってきた会社同期メンバーとの関係もこの時期からは「新入社員の時代」に戻ります。もう社内の序列ははっきり白黒ついていますので、お互いにライバル視する必要もなく、かえってニュートラルなつきあいが再び可能になるのです。

学生時代の友人との関係が復活するのもこの時期です。もうお互い社内営業をする必要はありません。この時期を過ぎるとみんな会社の飲み会よりも社外の学生時代の同窓会を優先するようになります。

55歳から60歳の５年間が実は新たなネットワークの拡充と既にあるネットワークの深化

の時代なのです。

□会社にいないとできないことがたくさんあるという事実〜専門性〜

55歳までで自分の専門領域は確定します。55歳以降は、もう迷うことなくその専門領域のスキルを日常業務の中で商品に磨き上げる期間です。

会社を辞めるとお金を払って実務を教えてもらうことになりますが、在職中はお金をいただきながら生きた事例を学べます。このメリットは実は非常に大きいのですが、勤め人のうちはなかなか気がつきません。

現場の実務経験以上に強い教材はありません。外部のコンサルタントがいくら理屈を並べても現場で起こっている一つの事実にかなうものはありません。

55歳で給与が下がったとモチベーションを落としている暇はないのです。生きた教材に触れる期間は、あと5年間しかないと認識して、長年培ったスキルの最終磨き上げに専念してください。ステップは次の通りです。

ステップ1：今までのスキル・ノウハウを後輩に伝えるべく進んで業務フロー・マニュアル化を進めます。

ステップ2：作成した業務フロー・マニュアルを使って若手課員への業務トランスファーを行います。

ステップ3：ステップ1、2の過程で見つかった自身の専門性の穴は、この期間に計画的に埋めてしまいます。

若手へのノウハウのトランスファーは、会社も期待するところですので、会社からも若手からも感謝されます。

また、自分が説明できない知識、再現できないスキルは決して他人には理解できませんので、在職中のこの期間を利用して次のキャリアチェンジに備えて教えるトレーニングを完了してしまうのです。自分のこれまでのノウハウを「見える化」できれば怖いものなしです。

7 一社に長く勤めた人ほど陥りがちな「井の中の蛙」からの脱却

□自分の会社以外の社会の風を感じよう

以前、人生には3つの「居場所」があり、年齢とともにその3つの居場所の大きさが変わるというお話をうかがったことがあります（ダイヤ高齢社会研究財団 澤岡詩野主任研究員）。

第一の居場所「家庭」（親、兄弟・姉妹、配偶者、子供など）、**第二の居場所「学校、職場」**（同級生、同僚、上司、部下など）、**第三の居場所「趣味、社会活動」**（友人、仲間、知り合いなど）の3つの居場所です。

このうち第三の居場所とは、「居心地の良い、新たな刺激を受ける、楽しい、やりがいがある、役立っている、仲間がいる等」、個々の価値観が最も反映される場をいいますが、

55歳は、まさに第二の居場所「職場」から第三の居場所「地域など社外」へ活動の領域をシフトし始める時期でもあります。

今までの「就社（ある特定の企業に勤める）」から「就社（社会に直接接点を持つ）」へのマインドセットです。

このためには意識的に今までの会社関係から会社外の関係重視に軸足をシフトさせ、早いうちから勤め人マインドを独立起業マインドへ切り替えておく必要があります。

私は、一度の転職経験もなく会社生活を30年経験し、52歳で個人事業主として独立しましたが、そのときに痛切に感じたのが、勤め人と独立起業人とのマインドの違いです。

定年までまだ8年間もある時点でしたので、退職するという連絡を入れると周囲の方々から様々な反応がありました。

「何かあったのか？」「どうやって食べていくのか？」「早まるな」など様々なお声かけをいただきました。そのほとんどは、「何でそんな無謀なことをするの？　何か理由があるんだろう」という、独立という**「異常行動」**に対する疑問とその答えを暗に求めるものでした。

一方既に独立起業されている方々の反応は、人種が違うのでは、と思うほど正反対でした。「予定通りですね」「良かったですね」「事務所はどこですか」等々、独立起業をいぶかる反応は皆無で至極当然という対応でした。

55歳で「出世」マインドを振り切り、スムーズに「自立」マインドに乗るためには、こうした「独立自営人種」との交流も有効です。こうした「人種」との接点はないと思いがちですが、様々な交流チャンスが実はあります。当方が勤め人時代から参加していた会合などをご紹介させていただきます。

1．週末起業実践会

会社を辞めずに独立起業する「週末起業」に関するコミュニティ。著書『週末起業』で有名なコンサルタント藤井孝一さんが社長をつとめるアンテレクト社が主催しています。

2．インディペンデント・コントラクター協会

「雇わない・雇われない」をコンセプトに独立業務請負人（インディペンデント・コントラクター）を会員とするＮＰＯ法人です。毎月セミナーを開催しており、会員以外でも参加可能です（有料）。セミナー後に有志による懇親会もあります。

3. 自治体等主催の独立支援講座

三鷹ネットワーク大学推進機構が「身の丈起業塾」など起業のための講座を開催しています。創業支援事業として無料相談も開催しています。

会社を中心としたビジネスパーソン間の限られたつきあいでは、独立起業マインドは獲得できません。独立起業する予定はなくても、社外の風を感じるという意味ではこうした外部の勉強会、コミュニティに参加することは極めて有効です。

先に、私の恩師が電車車中で聞いた中高年研修受講生の本音話を紹介させていただきましたが、他者から押しつけられての研修参加ではなかなか真剣になれません。55歳になったら、会社のお仕着せ研修に頼らず、**自分で自分に投資する**ことをおススメします。

また、55歳を過ぎたら多くの求人登録サイトに登録することをおススメします。

一社にずっとお勤めのビジネスパーソンほど求人登録サイトにアクセスしたことがないと思います。

「アクセスしただけで転職意思ありと疑われてしまうのでは」「どこからかアクセスして

いることがばれてしまうのでは?」など、要らぬ心配をしてしまうのです。

個人情報管理の厳しい昨今、そのようなことを心配することは全くないのですが、55歳過ぎたら、もう関係ありません(登録・閲覧はご自宅のPCから行いましょう。会社のPCでのアクセスは、職務専念義務違反、情報セキュリティポリシー違反になりかねませんので要注意です)。

シニア世代からの転職は、正直おススメしませんが(第2章でも辛口の内容を書いたところです)、**求人マーケットの風を感じる**意味でも登録はMUSTです。毎日多くの求人情報が飛んできますので、眺めているだけで世の中の労働市場の動向を肌身で感じることができます。

どんどん登録して求人情報のシャワーを浴び続けましょう。外界とのコンタクトを常に保っていくことは非常に重要です。

⑧ これだけは押さえておきたいシニアキャリアの基礎知識

ここでシニアからのキャリアチェンジを進めていくにあたって、ぜひ知っておきたい基礎的な用語について解説します。言葉は聞いたことがあるけれども意外に意味は知らない用語もあるかと思います。単なる教科書的な解説ではなく、シニアのキャリアを考えるために役立つ用語に絞って取り上げてみます。

【出向】

- 今の会社に籍を置きながら、出向先の従業員としての身分も持ち、いわゆる二重の雇用となっている就労形態をいいます。二重の雇用となりますと指揮命令系統も二重になり混乱しますので、出向と同時に出向元では休職発令を行い、出向元の指揮命令関係は止めておくのが一般的です。
- ドラマ「半沢直樹」でネガティブな印象が定着した感がありますが、基本的な労働条件

（給与、昇給など）は、出向元の条件が適用になりますので、給与が下がることはほとんどありません。

- 出向は、①子会社・関連会社への経営・技術指導、②従業員の能力開発・キャリア形成、③雇用調整、④中高年者の処遇など、さまざまな目的で活用されていますが、シニアからの出向は、④のケースが多く、確かに片道切符となることが多いですが、シニアにとっては、それもデメリットにはなりません。
- 欧米でも同一企業グループ内の他国の現地法人に、ある一定期間勤務するようなパターンはありますが、ドラマ「半沢直樹」のように銀行が取引先に人を派遣するようなタイプの出向は、欧米には見られない日本独自の雇用制度とも言えます。
- シニアにとってはセカンドキャリアの選択肢の一つであり、出向制度が利用できるような恵まれた企業に所属するビジネスパーソンは、ぜひ積極的にその利用をキャリアプランに組み入れることをおススメします。

【転籍】

- 出向と似たものに転籍があります。両方とも他の企業の指揮命令下で就労する点では同じですが、出向は出向元との雇用契約が継続しているのに対し、転籍は元の会社との雇用契約が終了している点に違いがあります。転籍の前には、出向期間を設けることが一般的なこともあり、一般では、出向と転籍が混同して理解されていることが多いです（文字通りの出向を「在籍出向」、転籍を「移籍出向」と呼ぶこともあります）。

- また、出向期間を置く場合でも役職の高い層ほど出向期間が短くなるケースが多く、部長層以上では、出向即転籍を命じられることが多くなります（**「即転《そくてん》」**と呼ばれます）。
- 転籍に関しては、会社命令だけでは成り立たず、本人、出向元、出向先の**3者間の合意が必要**です。本人が転籍を拒否する場合もあれば、出向先企業が転籍としての受け入れを拒否し元の企業に戻されるケースもあります。出向先から転籍受け入れを拒否され、元の会社に戻された場合には、往々にして元会社には既にポストがなく、新たな出向先を探し続ける流浪のキャリアを歩むシニアビジネスパーソンも多くなります。

【定年制度】

- 60歳定年は当たり前のような感じがしますが、法律で義務化されたのは意外に最近で1998年からです（1970年代までは、大企業といえども55歳定年が主流でした）。

・日本企業の終身雇用制を表裏一体で担保していたのが「労働者が一定の年齢（定年年齢）に達すると自動的に雇用関係を終了させる」この定年制度です。

・60歳誕生日の属する月の月末を定年退職とする企業が多いですが、年度末（例えば、3月末）まで引っ張り、そこで一斉に定年退職とする企業もあります。

【高年齢者雇用安定法】

・そもそもは、雇用対策法とも連動し、高年齢者の安定した雇用の確保、再就職の促進、雇用機会の平等化を促す目的で1971年に制定された法律です。2012年8月に60歳などで定年を迎えた社員のうち、希望者全員の65歳までの雇用を義務付ける改正が行われ、一躍有名になりました。

・高年齢者雇用安定法の改正で、65歳までの定年延長が義務付けられたと誤解しているビジネスパーソンも多いですが、義務化されたのは65歳まで①定年の引き上げ、②継続雇用制度の導入、③定年の定めの廃止、のいずれかの措置を講じることであり、企業の8割以上が②の対応を取っています（①③の対応を取った企業はニュースになるほどレアケースです）。

【早期退職優遇制度】

- 企業があらかじめ退職における有利な条件（例えば退職金支給率の増加、一定額の加算、定年まで在勤したものと見なしての退職金支給など）を示すことにより、企業に雇われている労働者が自らの意思でこれに応じ労働契約の解除をすることを言います。常時慣例的に行われるものは、後に説明させていただくセカンドキャリア支援制度の一環として取り扱われることもありますが、企業の業績悪化のためにリストラ（人員の削減）の一環として臨時的に行われることがほとんどです。
- 1990年代は、通常の退職金に加えて24カ月分あるいは36カ月分の割増支給という大盤振舞いの企業もありましたが、最近では大企業といえども、12カ月程度の割増支給が主流になっています。また、早期退職優遇制度が数回にわたって実施される場合には、初回ほど条件が良いケースが多いですので、事前に早期退職を準備・想定されていたビジネスパーソンは、早い回の申込みが一般的に有利です。
- 本章でも書きましたが、利用にあたっての判断は、「事前準備していればGO」「何も準備していなければNO」が大原則です。

退職金割増と併せてアウトプレースメントサービス（後ほど詳しく説明）が付加されるケースもあります。

【退職勧奨】

- 会社が労働者に退職の誘引をすること（ストレートに言うと「辞めてください」と打診すること）を言います。俗に言う「肩叩き」です。少し理屈っぽく言うと、「会社側から雇用契約の合意解約を申し入れている、あるいは、合意解約の申し入れをするよう誘引している」状態ですので、労働者の側にこれに応じる義務はなく、これに応じるかどうかは労働者の意思に完全に委ねられています。
- 外資系でよく「アップ・オア・アウト」（昇進するか、辞めるか）という言葉を聞きますが、これは「退職勧奨＋早期退職優遇制度の適用」の合わせ技の合意解約で、これによって皆さん会社を去って行きます。

【セカンドキャリア支援制度】

- 「中高年層がこれまでに蓄積した素養や知識、スキル、経験を生かして、新たに自らのキャリアを切り開いていくこと」(『人事・労務用語辞典』日本経団連出版)という定義になりますが、実際には、シニア層の雇用調整の手段としての色合いが強いことが多いです。

- 常設の早期退職優遇制度もその一つですが、各種資格等の受講費用の援助や特別有給休暇などを与え、転職をより容易にすることを目的とした「転職支援制度」、独立して事業を起こす場合に資金を援助したり、その費用やノウハウなどを提供する「独立援助制度」などがその主な内容です。いわずもがなですが、会社から提供されたノウハウを利用して独立を考えるという時点でもう「アウト」だと思いますが……。

【役職定年制】

- 役職者が一定年齢に達したら管理職ポストをはずれ、一般社員に戻る、あるいは会社によっては専門職などに異動する制度です。課長職50歳、部長職55歳というあたりが平均的な役職解任年齢です。
- 人事の新陳代謝を促し、組織の活性化や若手の育成、モチベーションの向上を図ることを目的にしていますが、年功賃金制度のもとでは人件費コストの増加を抑えるねらいもあります。

・ほぼ例外なく全員一律に年齢で役職を解職する企業もあれば、役職定年の年齢でいったんスクリーニングをかけ、条件を満たさない管理職だけは役職解職という運用の会社もあります。

・日本のビジネスパーソンにとっては、明確に自分が戦力外であることを知らされる貴重なタイミングであり、このタイミングを「活かすか腐らすか」でシニアからのセカンドキャリアが大きく変わります。

【会社分割・会社合併】

・企業の不採算部門の切り離しや、異なる企業の同一部門をお互いに分離・統合しスケールメリットを求める場合、あるいは持株会社化などの際に行われることが多く、法人の事業部門の全部又は一部を、既にある別企業や新設した企業に移転することを言います。

・2001年4月会社分割法と労働契約承継法が施行されたことにより、会社分割は、企業が事業再編するための大きな武器となっています。特に、承継法は、従来、原則として、労働者の同意を前提としていた転籍につき、分社手続のなかで、一定の労働者について同意を不要とするなど企業にとっては使いやすい内容になっています。

- 今後シニアのビジネスパーソンにとって最もキャリア面で影響を与えると思われるのが、こうした会社分割、そしてその後の会社合併といった企業環境の変化です（電機業界のパソコン部門やヘルスケア部門の会社分割などがその典型です）。

【ビジネスプロセス・アウトソーシング（BPO）】

- 企業運営上の業務やビジネスプロセスを専門企業に外部委託することを指します。略してBPOとも言われます。
- 以前はコールセンター業務や単純なデータインプット作業が主流でしたが、今や従来は企業内部の管理部門で行われていた総務、人事、経理に関連するあらゆる作業がその対象になっています。
- 仕事の移託先は中国大連やインドなど海外が中心ですが、最近は仕事を移託するだけでなく、それに従事する従業員ごと丸ごと引き受ける「リバッジ」というアウトソーシングも多くなっています。

・私の勤め人時代に最後に所属していた会社は、日本企業のグループ内人事オペレーションを担うＢＰＯビジネスを生業とする企業でした。６年前に世界的なＢＰＯ企業に株式譲渡され、現在は中国のアジア地域管轄会社から派遣された役員に経営陣が入れ替わっています。

【有料職業紹介】

・一社に勤め続けたビジネスパーソンには、意外に馴染みの薄い世界でもあります。有料職業紹介というより人材紹介業といったほうがピンとくるかもしれません。

・そのサービスは大きく次の３つに分かれます。

①一般登録型……求人企業と個人（求職者）それぞれの依頼に基づき、最適なマッチングを仲介（企業に紹介）するサービスです。一番なじみ深いパターンです。

②サーチ型……求人企業の依頼に基づき、その企業に最適な人材をサーチ（検索）し、企業に引き合わせるサービスです。ヘッドハンティングと呼ばれる形式です。

③再就職支援型……リストラなど企業側の事情により要請を受け、社員の再就職を支援するサービスです。本人への再就職支援や受入企業の開拓、活用のためのコンサルティング

まで対応します。

- いずれのサービスも仕事を求める求職者サイドには費用はかかりません。費用は、求人企業側が採用後の年収に応じて紹介料を人材紹介企業に支払うことになります（再就職支援型は違う方式。別項目で説明）。人材紹介会社は、あくまでも求人企業がスポンサーですので、顧客側のニーズにあった人材を求人会社に紹介することが使命になります。有料職業紹介を利用する場合には、スポンサーがどこかという視点を常に頭に入れておくことが重要です。

【職務開発（キャリア開発）】

- キャリア開発の教科書的な定義をすると「入社以降個人が歩むキャリアについて、どのような能力を開発し、どのような仕事に、どのようなタイミングで配置転換させていくのかなど、組織が長期的・体系的な計画を作り、個人のキャリア形成を支援していくための環境を整備する」ことです。シニアにとってのキャリア開発と言うと会社からの再就職先の斡旋《あっせん》と同義と考えてほぼ間違いないです。
- 企業内に、キャリア開発を行う部署が設置され、在籍中に支援を行うことが最大の特徴です。「追い出し部屋」「出向転籍斡旋人」など決して社内から好意的には受け取られていない場合も多いですが、全社の各部門から信頼の厚い人格者がそのための専門のコンサルタントとして集められ、社員の立場に立った再就職支援を行っています。

・数多くの企業に様々なタイプの社員を紹介した経験を持っていますので、自社の従業員の弱み強みを十分理解した上で、従業員サイドに立った支援を行っていることが多いです。これは、先ほどのスポンサー視点を考えればわかりますが、会社がスポンサーですので受け入れ企業側より求職者側に立った支援を行えるからです。

【アウトプレースメントサービス】

・アウトプレースメントとは再就職支援ともいい、雇用調整により人員削減をする企業の依頼を受け、労使間の紛争の解決やアドバイスを行い、また、解雇もしくは退職した社員の再就職へ向けての各種の支援を行うサービスのことです。

・最大の特徴は、送り出し側の企業が費用を負担することと、基本は退職後のサービス、あるいは退職を前提としたサービスであることです。

・報酬については、リストラを実施する企業側から受け取るのみであり、たとえアウトプレースメントサービスの紹介により求人が決まったとしても、求人を受け入れる企業からは原則報酬は受け取りません。その意味では再就職を希望する本人本位の仕事になる面もありますが、通常の人材紹介のように「決まれば年収の30％が成功報酬となる」といったモチベーションがアウトプレースメント会社側に働きにくい面もあります。

- もともと米国発祥のサービスですが、場所の提供、再就職アドバイスのみならず再就職の斡旋まで行うのは日本市場独自のサービスです。それなりの費用もかかることもあり、利用は外資系企業、資金に余裕のある大企業が中心のサービス利用となっています。

【労働者派遣】

- お馴染みの人材派遣ですが、その歴史は１９８５年労働者派遣法が制定された、約30年前にさかのぼります。２０１５年９月にはこの法律が改正になり、同じ職場で同じ派遣社員による派遣就労は最長３年間までとなりました。この改正が企業にとってどのような影響を与えるかは、改正派遣法の施行（２０１５年９月30日）から３年経過してみないと不明な点がありますが、契約期間の長短にこだわらないシニアにとっては魅力的な働き方の一つです。

- また、最近は、経験スキルを持ったプロフェッショナル派遣も増えてきています。従来の事務の補助といったレベルの業務対応ではなく、人事、法務、経理などエキスパートとして高額な派遣契約で働くシニアも増えてきています。現在サポート先の企業にも、長年大手企業で海外法務を担当してこられたプロ人材が派遣社員として活躍されています。
- シニアからの多様な雇用ポートフォリオを構成する一選択肢としてぜひ視野に入れておきたい働き方の一つです。

【業務委託・業務請負】

- シニアが独立起業する際に基本となる契約が業務委託や業務請負です。雇用ではありませんので、会社から指揮命令は受けずに企業と対等の立場で独立して働くことになります。契約の名称が請負や業務委託であっても、注文主である企業側が請負（受託）業者の労働者に直接指揮命令している場合は、偽装請負と判断され、派遣法の適用を受けたり、職業安定法第44条で禁止されている「労働者供給事業」に該当したりする場合がありますので注意が必要です。

【インディペンデント・コントラクター（IC）】

- 高度な専門性を備え、業務単位の請負契約を複数の企業と結んで活動する「法人化した個人」および「個人事業主」のこと。Independent Contractorの略でICと呼んだり、直訳して独立業務請負人と呼んだり、プロワーカーなどと呼んだり、呼称は様々です。
- 「必要な時に必要なだけ」プロジェクトに参加し、「雇われない・雇わない」フリーエージェントとしての働き方は、シニアにとっても最適な働き方の一つです。ビジネスパーソンの新しいワークスタイルとして注目を集めているインディペンデント・コントラクターという働き方は、日本でも今後急速に普及してくると思います。

【週末起業】

- 会社を辞めることによる収入減リスクを最低限に抑えつつ、副収入を確保し、起業願望を充足しながら会社に依存しない自立した生き方を実現する働き方です。
- コンサルタントの藤井孝一さんが『週末起業』（ちくま新書）で提唱されたのが始まり

で、昨今の働き方改革による兼業・副業解禁の流れとともに従来にも増して注目を集めています。収入源を複数化し、キャリアのリスク分散を図る週末起業のコンセプトは、シニアのキャリアチェンジに合致した働き方でもあり、まずは週末起業から始めることもシニアにとって現実的なステップです。

第4章

人生90年時代の実践的キャリアチェンジ術

1 まずは自分の知識と経験を再評価しよう

「自分のキャリア」の棚卸をしてみよう

あなたは、ご自分のキャリアの棚卸をされたことがありますか？　新卒で今の会社に入社し今もその会社に勤務中というビジネスパーソンは、ほとんどされたことがないと思います。必要が無かったからです。

私が事務局にてお手伝いしているビューティフルエージング協会では、毎年ライフデザイン・アドバイザー養成講座という研修を開催しています。

この講座には、各企業で新たにキャリア開発業務（出向やシニア研修）を担当される方々が参加されますが、こういう仕事を担当される方でさえ、ご自身のキャリアの棚卸をしたことがほとんどありません。

特に大企業の社員の方ほどその傾向は強くなります。採用する立場で他人の職務経歴書を見たことはあるかもしれませんが、ご自身の職務経歴書を書いたことがあるという方はほとんどいないのです。

「棚卸」を辞書で調べると、「決算時または在庫整理時に、その時点で在庫となっている一切の商品や原材料の種類、数、品質などを調べ、その価格を査定すること」などとありますが、これをキャリアの棚卸に置き換えると次のような内容になります。

「ある時点における自分の身についたスキル、知識、経験、資格、ノウハウ、マネジメント力など保有する自己資産の種類・数・レベルを確認し、その価格を評価すること」

会社の棚卸と異なるのは、目に見えない無形財産であり定量化しにくいところです。今までの「暗黙知」の経験・スキルを「形式知」にしてこそシニアのキャリアは商品になります。

経歴書は、転職活動のパスポートのようなものですが、そのベースとなるのがキャリアの棚卸です。このプロセスをいい加減にしてはしっかりしたキャリア戦略が立ち上がりませんので、ぜひ時間をかけて取り組んでいただければと思います。

② この手順を踏めば、あなたのキャリアは洗い出せる

□まずは10資料をすべて集めることから始める「自分アーカイブ」

まずはお手元にすべての資料を集めることから始めます。手元に必要資料が集まっていないと無駄な確認作業を要しますので、まずは職場の机、家、実家など資料がありそうな場所から資料を集めることに専念します。この収集が終われば半分以上洗い出しは終わったようなものです。

転職、出向の際に必要となる職務経歴書、独立起業の際に必要となるプロフィール、事業パンフレットを作成する際のベース資料となります。この棚卸データがキャリアのデータベースとなり、必要に応じてここから情報を取り出し、ニーズにあった形に加工することになります。**「キャリアに関するプラットフォーム、航空母艦のイメージ」**というとわ

かりやすいかと思います。

集める資料は、あなたのキャリアに関するもの一切です。

①人事記録：会社によっては、毎年入社以来の異動記録をまとめて配布しているところもあります。こういう会社だと楽です。

②名刺：所属した部署の正式名称がわかります。また、資格・役職も記載されていますので、その部署にいたときの役割、ポジションがわかります。

③辞令：節目節目で会社から渡された異動辞令、賃金辞令などです。これがあると、異動年月、所属組織名、役職名、昇格年度などがわかります。

④受賞した「表彰状」：ビジネスパーソンの皆さんは、外部の表彰でないと価値がないと思いがちですが、そんなことはありません。受賞歴と受賞内容、受賞日などはこれでわかります。提案、小集団活動、安全衛生、防災活動、スポーツなどあなたが活躍してきたことの証です。

⑤資格認定証：保有する資格すべてです。これも「国家資格でないから価値がない」「簡単な試験だから」「誰でも取れるから」とご自身の思い込みの基準で取捨選択しがちで

すが、社内外を問わず、あなたの実力を証明する貴重な資料です。

⑥免許証：交付日、更新状況がわかります。今は利用していなくとも今後活用の可能性も十分あります。

⑦日記帳：個人のプライベートの日記帳、社用日記帳。最近少なくなりましたが、少し前までは社員手帳を全社員に配布していた会社もありました。

⑧社史：忘れかけている時代を客観的に振り返ることのできる貴重な資料です。総務部キャビネットなどに眠っていることがあります。所属する工業会などに寄付しているケースもありますので、団体事務局に行くと閲覧できる場合もあります。

⑨過去のアルバム：写真は記憶を呼び起こします。個人のアルバムを押入れから引っ張り出してみてはいかがでしょうか。

⑩論文、執筆原稿：業界学術誌への論文投稿、社内報への投稿・社内報掲載記事など。

こうしたありとあらゆる自分に関する資料をまずは集めることがポイントです。中途半端な資料収集で始めると「あれはいつだっけ」とはっきりしない部分が多くなり、やる気を失います。

③ 幸せなキャリア形成に欠かせない「家族キャリアマップ」の作り方

家族を考慮しないキャリアプランは必ず破綻する

第2章で「出向」の失敗事例として、出向に出ることを奥さんに説明せずに進め、最後に猛反対を受け、案件が不成立となった事例を紹介させていただきました。シニアからのキャリアチェンジの場合、家族を考慮せずに独断で進めたプランは間違いなく破綻します。

シニアになると家族との日頃のコミュニケーションは少なくなりがちですが、配偶者、家族もそれぞれ独自にライフプランを描いています。そうした家族のライフプランを考慮に入れた上であなたのキャリアプランも作成する必要があるのです。

リストラされたことを家族に言えずに、「毎日今まで通りに朝7時に家を出て日比谷公園でひとり昼間を過ごし、会社に行ってきたかのように夕方6時に家に帰る人」になってはいけません。また、いまさら役員に出世した同期の出世頭を嫉妬し続けても何にもなりません。

むしろ早めに第二のキャリア実現に向け舵が切れたことをラッキーと考えて、家族とともにその実現に向かって進むという前向きのマインドセットが成功の秘訣です。

また、シニアからの家族内トラブルは、シニア特有のリスクである**「熟年離婚」**に即つながりかねません。注意が必要です。

□「家族キャリアマップ」で将来計画を家族で共有する

「家族キャリアマップ」とはどのようなものでしょうか。特別なものではありません。あなただけではなく、家族全員の時間軸と家族イベントが入った年表です（両親まで入れるとかなり年代幅が広がりますが、要介護の時期なども見通せますのでよりリアルなプラン作成が可能です）。

自分の定年時期だけでなく、子どもの大学入学卒業の時期、銀婚式の時期など家族に関する過去のイベント、将来のイベントが一目瞭然です。実物は、次ページのようなモノで、エクセルで簡単に作成できます。

「家族キャリアマップ」を作成する効果は次の通りです。

①家族のイベントを入れ込むことによって独りよがりではない現実的なキャリアプランが作成できる

②作成の過程で家族とともに過去の振り返り、将来プランの共有化ができる

③あらためて「同じ船に乗る仲間」という意識が湧きあがり、責任を持ったキャリアプランを推進しようというモチベーションにつながる

また、「家族キャリアマップ」を作成したら、ぜひその年度中にご家族みんなで商売をする体験イベントを組み込んでみてください。地域で開催されるフリーマーケットがおススメです。

別に儲けるために行うのではありません。家族一緒に直接マーケットに向き合い、自分の活動をマネタイズ（収益化）する経験が重要なのです。もちろん売上げは微々たるもの

出向先勤務期間（転籍後も含む）
本来の会社勤務期間

時代の風	仕事（自分のキャリア振返り）	人生充実度
[redacted]		
		90
	ビューティフルエージング協会事務局	80
消費税8%（4）	サラリーマン卒業、独立	55
富士山世界遺産登録（6）		55
衆院選自民圧勝（12）		60
東日本大震災（3）	外資に会社売却	65
中国GDP世界第2位		80
民主政権交代（8）	横浜本社移転	80
リーマンショック（9）		75
トヨタ世界生産第1位（12）		75
2002/1～景気拡大いざなぎ抜く	日産転籍	70
自民圧勝（9）郵政民営化法案可決	3回目出向	75
トヨタ純利益初の1兆円超（4）		80
日経平均7607（20年前水準）（4）	大門へ勤務地変更	80
日韓Wカップ（5）	自工会と統合（大手町へ）	80
アメリカ同時多発テロ（9）		80
企業倒産過去最悪（負債24兆）		80
EU統一通貨ユーロ誕生（1）	2回目出向	75
金融ビッグバンスタート（4）		10
山一證券他金融破綻		10
住宅金融債権管理機構発足（7）	（多忙な時期）	15
地下鉄サリン事件（3）		20
関空開港（9）	静岡に転勤	30
サッカーJリーグ開幕（5）		40
東海道「のぞみ」登場（3）		50
バブル景気（谷1986.11～山1991.2）	人事部外に異動	40
東西ドイツ統一（10）		30
中国天安門事件（6）		50
東京ドーム（3）、青函（3）開通	本社栄転	50
NYブラックマンデー株暴落（10）		60
男女雇用機会均等法施行（4）	1回目出向	60
日航機墜落事故（8）		50
第二電電（DDI）設立（6）	会社入社	55
[redacted]		
東京オリンピック（10）		
ケネディ大統領暗殺（11）		
東京の常時人口1000万人突破（2）		
岩戸景気（谷1958.6～山1961.12）	板橋で誕生	

家族キャリアマップ（サンプル例）

	西暦	元号	家族の情報						
			自分	妻	長男	次男	父	母	家族イベント
	途中略（90歳までの軸は設定済）								
出向後（将来ゾーン）	2017	H29	56	53	20	16	85	79	銀婚式、次男高校入学
	2016	H28	55	52	19	15	84	78	
	2015	H27	54	51	18	14	83	77	長男大学入学
	2014	H26	53	50	17	13	82	76	次男中学入学、祖母100歳
	2013	H25	52	49	16	12	81	75	
	2012	H24	51	48	15	11	80	74	長男高校入学
	2011	H23	50	47	14	10	79	73	宮城実家被災
	2010	H22	49	46	13	9	78	72	両親と北海道行き
	2009	H21	48	45	12	8	77	71	長男中学入学、両親と秋田
	2008	H20	47	44	11	7	76	70	次男小学校入学
	2007	H19	46	43	10	6	75	69	
	2006	H18	45	42	9	5	74	68	
	2005	H17	44	41	8	4	73	67	
	2004	H16	43	40	7	3	72	66	
	2003	H15	42	39	6	2	71	65	
	2002	H14	41	38	5	1	70	64	
	2001	H13	40	37	4	0	69	63	次男誕生
	2000	H12	39	36	3		68	62	
	1999	H11	38	35	2		67	61	
出向前（振り返りゾーン）	1998	H10	37	34	1		66	60	母還暦、両親初飛行機
	1997	H9	36	33	0		65	59	長男誕生
	1996	H8	35	32			64	58	心筋梗塞
	1995	H7	34	31			63	57	
	1994	H6	33	30			62	56	静岡転勤
	1993	H5	32	29			61	55	妻退社
	1992	H4	31	28			60	54	結婚、父還暦
	1991	H3	30	27			59	53	
	1990	H2	29	26			58	52	
	1989	H1	28	25			57	51	
	1988	S63	27	24			56	50	
	1987	S62	26	23			55	49	
	1986	S61	25	22			54	48	
	1985	S60	24	21			53	47	
	1984	S59	23	20			52	46	
	途中略								
	1964	S39	3	0			32	26	
	1963	S38	2				31	25	
	1962	S37	1				30	24	
	1961	S36	0				29	23	

ですが、家族全員が得られる「商人マインド」は貴重です。当日汗水流して稼いだお金を夜の回転寿司の軍資金に回せば、かけがえのない思い出のパーティになります。

「家族キャリアマップ」に命を吹き込む方法として、ぜひ作成年度中に実行計画として組み込むことをオススメします。

「家族キャリアマップ」には、もう一つの情報を入れ込みます。「社会の出来事」です。「家族キャリアマップ」にその当時の出来事・ニュース・ヒットソングなど「時代の風」を感じさせる情報を入れ込むことによって、世の中の動きとは関係なく動いてきたように見える自分のキャリアが、実はその時代の流れ、日本・世界の政治経済動向など大きな流れと連動していることがわかります。

「社会の出来事」を記入する際には、生きてきた時代の動きがわかる市販の年表も役に立ちます。『年表　昭和・平成史　1926~2011』（岩波ブックレット）などは、値段も安くオススメです。

こうした資料とあわせて、自分・家族にとって節目の日の新聞などを準備することもキャリア振り返りに役立ちます。今やコンビニ（全国のローソン、ファミリーマート、サークルK・サンクス）に設置してあるマルチ複合機から、24時間365日いつでも特定日の新聞の一面がプリントできます。

例えば、子どもが生まれた日の新聞を手に取るとその時代の様子が走馬灯のように思い起こされます。こうしたことが、今後新たなキャリアを推進して行こうという強いモチベーションになります。

こうして、客観的な「時間軸」と「世間の出来事」と「家族の出来事」と「ご自身のキャリアイベント」を一枚に集約した資料ができました。自分の人生を「鳥の目」で俯瞰《ふかん》する「家族キャリアマップ」の完成です。

④「ライフライン」で「自分は何をしたいのか」を明確にする

□「家族キャリアマップ」を眺めながら「ライフライン」を描いてみる

「ライフライン」（チャート）をご存知でしょうか。横軸に時間を取り、縦軸の真ん中を平均として主観的な満足度を一本のラインで表したグラフです。

描き方は非常に簡単です。これまでの人生の流れを一本の曲線で表現します。「嬉しかったこと」や「楽しかったこと」「やる気が高まったとき」の気持ちをプラス領域に描きます。「残念だったこと」「やる気がなくなりかけたとき」はマイナス領域に描きます。

すべての記録を残すのではなく「代表的な出来事」について表現すればＯＫです。自分が行動を起こした結果としての「感情を表現」し、自分が関わっていないことは表現しません。

シンプルですが、自分のキャリアを冷静に見つめるための強力なツールになります。ラインはあくまでも主観的満足度ですので、それほど厳密に考える必要はありませんが、「家族キャリアマップ」を作成するときに主な出来事ごとに数値化しておくとラインを描くときにスムーズかもしれません。イメージをつかむために、私のライフラインをご紹介したいと思います（次ページ）。

私の場合、満足度が高いところは社外のいろいろな方々と接触して仕事をしていた出向時代になります。逆に満足度が低かったのが、企業内で同じメンバーで固定的に仕事をしていた時代でした。

ライフラインをしみじみと眺めているうちに、会社内で決まったメンバーで固定的に仕事をするより、社外の方々と新たな出会いを繰り返しながら仕事をするほうが自分には向いていることがわかりました。

ライフラインを見るときには、高い部分、低い部分の理由を見ることももちろん大事ですが、満足度の低い状態から反転して上昇に向かったターニングポイント（あるいは高い状態から低い状態に反転したポイント）もそれ以上に重要です。

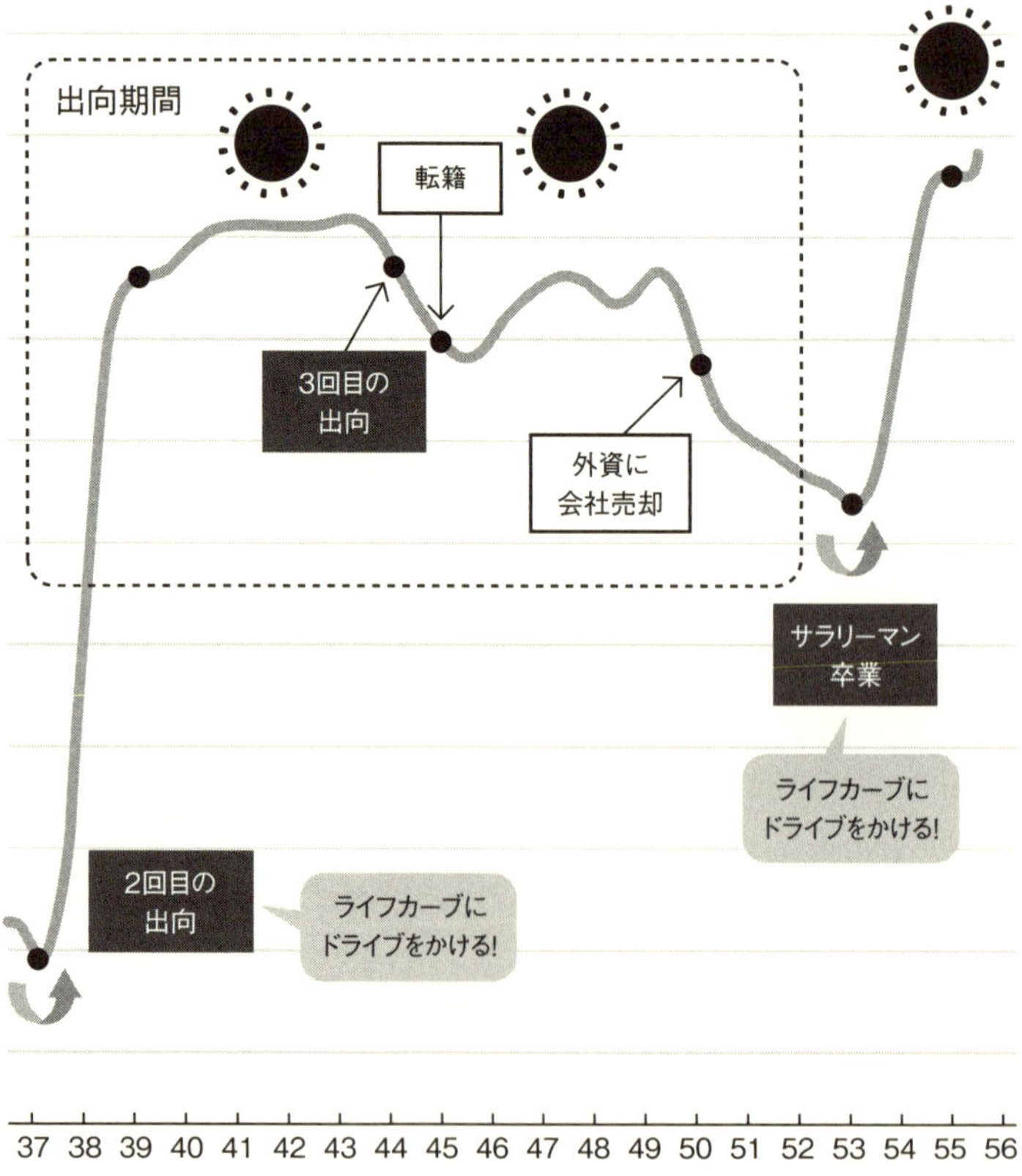

出向期間
転籍
3回目の
出向
外資に
会社売却
サラリーマン
卒業
ライフカーブに
ドライブをかける!
2回目の
出向
ライフカーブに
ドライブをかける!
37 38 39 40 41 42 43 44 45 46 47 48 49 50 51 52 53 54 55 56

「家族キャリアマップ」から「ライフライン」をつくる!
〜「家族キャリアマップ」の「人生充実度数字」をプロットしてみよう!〜

「家族キャリアマップ」から「ライフライン」を描いてみた資料です。「出向」を機会に「ライフライン」が上昇し、人生の充実度が上がっていることが示されています

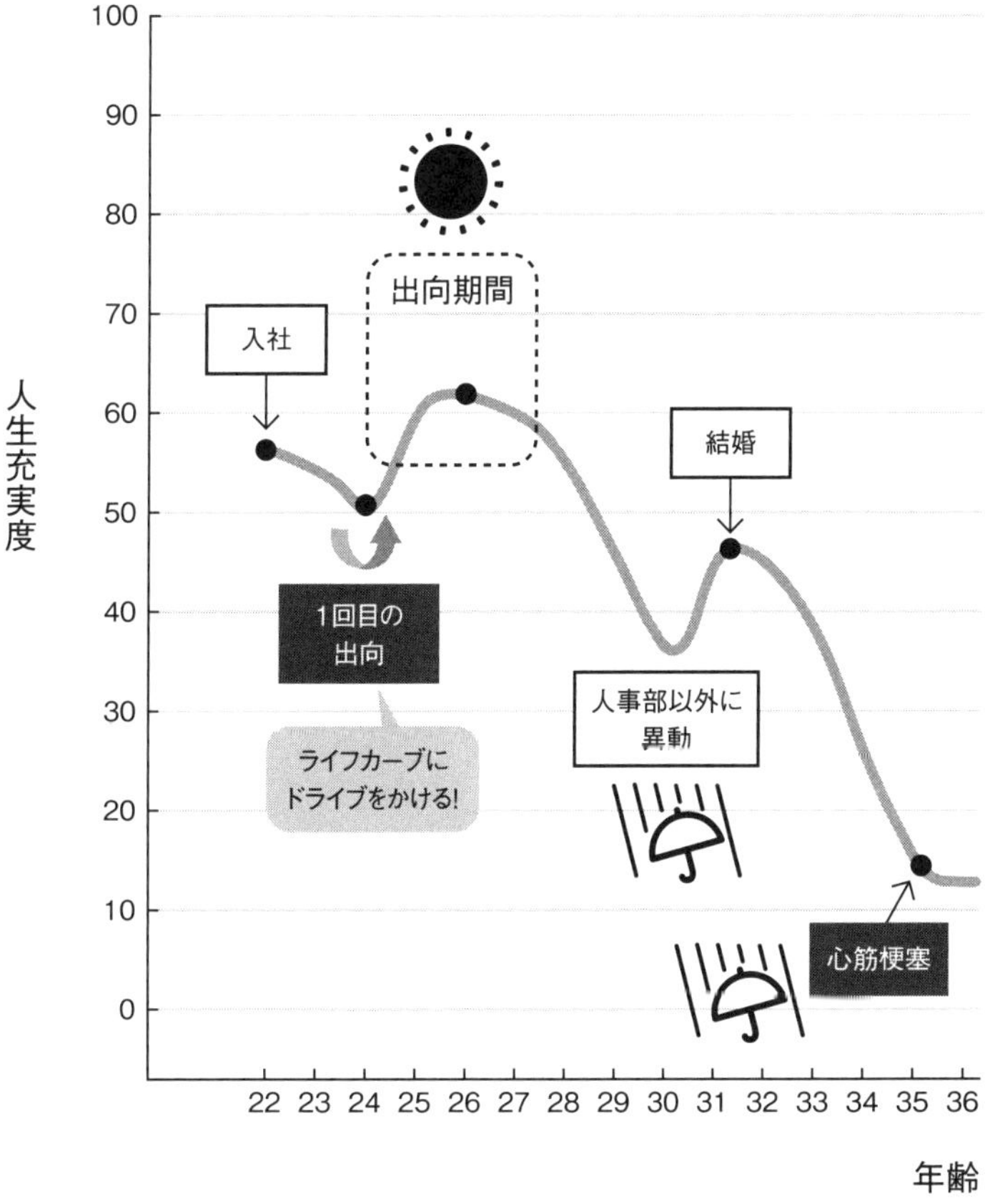

私の場合には、出向や独立など大きなキャリアチェンジを果たしたタイミングで満足度が高いほうに反転しています。

また、例えば充実していた時期に関しては、人事、経理などといったそのときに従事していた職種に注目するだけでなく、なぜそのときに充実していたのか、**充実を感じる「要素」**についても目を向けることがポイントです。

例えば、テニスが好きという場合にも、錦織選手のようにプレーヤーとして活躍することに充実感を覚えるのか、それともテニススクール運営などテニスに関わる事業にたずさわることに充実感を覚えるのか、人それぞれ違います。

私の場合は、人事という職種は長年担当してきましたので決して嫌いではありませんが、人事という仕事を通じて**「多くの人と対面で話をし、新たな出会いがある」**ことに充実感を覚えることに気がつきました。

また、私のライフラインを見て気づくことは、会社の昇格や昇給が満足度に連動していないことです。自分ではそれなりに会社の出世など気にしていたつもりですが、本質的なところでは、あまり出世にモチベートされない性向なのかもしれません。やはり勤め人向きではなかったのです。「家族キャリアマップ」を眺めながらライフラインを描いてみると自分では意識していない意外な顔が見えてきます。

次は、具体的に浮かんできた「目指すべき方向性」をさらに具体的な文章にしてみます。私の場合には、このような内容になりました。

「一か所に所属して固定的に働くのではなく、自分の今まで培ってきた専門性をベースに複数の相手とパラレルに仕事をしていく」

これは私がインディペンデント・コントラクター（独立業務請負人）として働いているまさに今の姿です。

こうして作成した**「目指すべきイメージ達成のためのスペック」－「棚卸でわかった現在の自分のスペック」＝（この差が）「今後55歳から60歳までの間に計画的に獲得すべきスペック」**です。

「ライフライン」は、ポピュラーで単純なツールですが、「家族キャリアマップ」と連動させると非常に効果的なツールになることを保証致します。

⑤ シニアが心得るべき9つのルール

1 映画「マイ・インターン」に学ぶ熟年力の発揮

「マイ・インターン」という映画をご存知でしょうか。日本では2015年10月に封切りされた映画で、アン・ハサウェイ（新興ネット系アパレル会社社長のジュールズ役）とロバート・デ・ニーロ（ジュールズ付インターンのベン役）という大物俳優が主演して話題になった映画です。

映画「マイ・インターン」あらすじ

・ファッション系通販会社を起業し、2年で社員200人の企業へと拡大させて大成功を収め、働く女性の理想ともいえる人生を送っているジュールズ（アン・ハサウェイ）。

彼女の会社がシニア・インターンの募集を行い、ベン（ロバート・デ・ニーロ）が採用される。ベンは妻に先立たれ、長年勤めていた会社を退職して隠居生活をしていたが物足りなさを感じていた。

・ジュールズ直属の部下となったベンは、温和で気配り上手な人柄から、若手の同僚たちの良き相談役になっていく。40歳も年上の部下に初めは何かとイラつくジュールズだったが、いつしか彼の的確なサポートに頼るようになっていた（以下は映画をご覧ください）。

私もキャリアコンサルタントの知人から薦められて観たのですが、デ・ニーロが演じたベンの仕事ぶりは、シニアとして魅力的かつ理想的なものでした。一言で言うと、にじみ出る経験力と人間力を活かした「熟年力の発揮」です。

□新しいことに挑戦し続ける
□頼まれたら何でも気軽に引き受ける
□自ら仕事を見つけて働く
□アドバイスは短く、控えめに話す

□昔の話は聞かれない限りしない
□自分のスタイルを大切にする
□清潔で身ぎれいにしている　　等々

ベンは、経営者であるジュールズと若手従業員間の架け橋的な役割も果たしていました。経験豊富な人生の先輩として双方の悩みに真摯《しんし》に向き合い、決して押し付けではないアドバイスをタイミングよく発していく。

映画の中でベンが発する「Experience never gets old.」（経験は色あせない）という言葉が印象的です。シニアが仕事をする際に拠り所とすべき基本スタンスをこの映画は教えてくれます。シニアの方はぜひ観られることをおススメします。

「マイ・インターン」が示す「シニアの熟年力」と併せてシニア世代が常に磨いておくべき「三種の神器」ともいえる武器が、「固有の専門性」と「寄り添い力（対面カウンセリング力）」と「人脈・ネットワーク」です。「熟年力」と「シニア三種の神器」を兼ね備えられれば鬼に金棒です。一部については、既に前の章でも説明しておりますが、再度まとめておきたいと思います。

まず、「固有の専門性」とは、あなたが長年培ってきた固有・独自の一品一葉の専門です。前の章のシニアの方の例でもご本人は、「給与計算全般」と一般的なカテゴリーに自分の経験を無理やり入れ込んでいましたが、「人事」「経理」「営業」など大きな世間の括りで自分の専門性を埋没させる必要はありません。

その給与計算担当シニアは、実は「給与システム導入コンサルタント」であり、「給与WEB化スペシャリスト」であり、「年末調整アドバイザー」でもあり、「税務調査対応スペシャリスト」でもあるのです。

働いてきた企業や業種も異なり、対象としてきたクライアントも異なりますので、実は「人事」「経理」などで単純に括ることのできないスペシャルなスキル・経験を各自は持っています。職種・肩書は先ほどの「〇〇スペシャリスト」のように自分でつくってしまえばいいのです。

また、これからシニアビジネスパーソンに求められるスキルは、評論家のように現場から離れてあれこれ論評するスキルではなく、**今目の前にある現実の課題を自力で解決できる「超実務」スキル**です。「超実務」スキルを磨き上げる材料は、今担当している仕事です。

大企業の人事部員、経理部員が中小企業で使えない理由は、この「超実務」から長年離れていることにあります。人事領域に関しては、採用から評価、異動、給与、研修、退職まで一気通貫でこなせる超実務力が求められているのですが、大企業ほど、外部ベンダーに丸投げ、あるいはプロセスの分割が進んでおり、最初から最後まで自力で対応可能な人材が少なくなっています。

例えば、人事制度で言えば、制度を自ら企画して就業規則の条文まで落とし込み、組合説明を行って、最後は労働基準監督署に届け出るまでの一連の流れを一人でこなせる力がシニアには求められるのです。

55歳でマネジメントから外されたと嘆く暇はありません。「超実務」を再度担当できるチャンス到来と考え、今、目の前にある一品一葉の業務を「見える化」していけばいいのです。

特に**「すぐに目に見える成果が出ないために若手が敬遠するような仕事」**こそシニアは率先して取り組むべきです。

若手が敬遠するそのような業務の一つに業務の標準化があります。会社も口を酸っぱくして「マニュアル化しろ、業務の標準化を進めろ」と言いますが、**労多い割には当たり前**

の仕事として評価されないのが業務標準化です。また、日常業務に追われてマニュアル作りなどやっている時間も暇も若手にはないのです。

実はこうした仕事ほどシニアの独壇場です。具体的には、今まで担当してきた業務を業務フローにまとめていきます。「見える化」の方法は、いろいろありますが誰が見てもわかり、汎用性の高いツールはやはり業務フローです。若手からは感謝されながら自分自身の商品づくりに直結する標準化業務は、シニアにとって一石二鳥の業務です。

自動車メーカーの実験ドライバーと言うと超スゴ腕の運転技術を持ち、恐れることなくオーバルコースに突っ込み、最高速テストをこなすイメージがあるかと思います。しかしながら、実験は最高速テストだけではありません。段差を何度も乗り越えて車のボディと地面がぶつからないか、といった地道な実験もあります。

また、実験ドライバーにはもちろん卓越した運転技術が求められますが、求められる技術はそれだけではありません。最も重要なスキルは、走行中の車の挙動、ちょっとした操安性（ドライバーの意思通りにクルマが動くか）に関する違和感などテスト中に発生した事実をキチンと言語化して、エンジニアに伝える能力にあります。

シニアに求められる専門性も同じです。地道な業務経験の裏付けをベースとして「この業務の肝《きも》はどこにあるのか」、そのためには「**何を管理すればいいのか**（KPI＝重要業績評価指標）」をキチンと「**見える化**」する能力がシニアに求められる専門性なのです。

こうしてフローにより「見える化」した業務を、今度はシニアの2つめの武器である「寄り添い力（対面カウンセリング力）」を使って、若手や未経験者にわかりやすく伝えていきます。

メールで仕事をすることが当たり前になった現在、職場でも一対一で面と向かって仕事を教えることが極端に少なくなりました。我々シニア世代が若いころは一つ二つ上の先輩がそれこそマンツーマンで仕事を教えてくれたものです。当時は、正直面倒だなと思ったこともありましたが、やはり**FACE TO FACE**で伝えられた仕事のノウハウは確実に定着します。

今シニアに求められているノウハウの伝承は、まさにこのような文字通りのOJTです。連合艦隊司令長官の山本五十六の有名な人を動かすための極意「やってみせ、言って聞かせて、させてみせ、ほめてやらねば、人は動かじ」の実行です。

今の職場では、マンツーマンで実務を教えている時間も余裕もありません。求めているのは即戦力です。こうした風潮は若手にも敏感に伝わります。時間をかけて後輩に教えるよりも**「まず自分の成果をあげなければ評価につながらない」**ことをわかっています。

こういう時代こそ一見遠回りに思えるノウハウ伝承法が活きてきます。製造現場で仕事を行う上での鉄則である三現主義（「現場」「現物」「現実」）を意識しながら今まで長年培ってきたノウハウ・経験を直接対面で伝えていくことこそシニアの役割であり、売りです。

会社がシニアに求めている役割は、まさに経験・ノウハウの伝承ですので「自分のための教えるスキルの訓練」が会社貢献に直結します。

そして、目に見えるようになった「超実務」という商品を希望するクライアントにマッチングさせる武器が「人脈・ネットワーク」です。

ネットワークの構築は、会社在籍中が勝負です。会社というバックボーンがあるうちにつくるネットワークが後で活きてきます。

シニアからのキャリア戦略は、自分を中心とする3つの同心円を考えるとわかりやすいです。当面の仕事は、円に近いところから獲得するのが原則です。スタート地点は、今の会社での雇用です。ここから4つのシナリオを選択していきます。自分から遠い円は将来への種まきです。

日本では、シニアの商品を市場にマッチングさせる仕組みがまだできていませんが、他者に頼らず、まずは自らのネットワークを駆使して販路を広げていけばいいのです。

しかしながら、安易な人脈のマネタイズ（収益化）は危険です。長年築き上げた信頼関係が一挙に失われる危険性もありますので、その点は要注意です。

2 雇用されていても気持ちは個人事業主

60歳以降の雇用契約は、有期雇用契約を毎年会社と更新していくことになります。何も考えずに定年再雇用のレールに乗った「流されタイプ」のシニアは、この事実にまったく気づいていませんが、本質的にはプロ野球選手の契約更新と同じです。1年契約というと緊張感が漂いますが、この緊張感は大事です。

自分が提供するサービス（担当業務の遂行能力）を明確にして、そのサービスに対して会社と交渉し契約を結ぶ、いわゆる個人事業主と同じスタンスで55歳以降は仕事をするというマインドセットが重要です。

そのためにも、提供するサービスの範囲・レベル・価格が明確になっている必要があります。55歳から60歳の間でどれだけ個人事業主的なマインドで仕事を行うかによって、60歳以降の展開が大きく変わります。

55歳を過ぎたら、会社勤めを続けていたとしても気持ちは個人事業主として、仕事を通じてご自身の「会社パンフレット」を作りあげることをおススメします。フォルダー型で1枚1枚リーフレットを差し込むタイプの会社パンフレットをよく見かけますが、そのように自分が担当してきた業務一つ一つを1枚のリーフレットにまとめ、商品にしていくイメージです。

記載する内容は、「提供するサービスの内容」、「特長」、「提供サービスを利用することによってお客さんが得られるメリット」、「価格」です。このリーフレットが10枚溜まれば○○事務所としての品揃えは、ひとまず完了です。

どんなシナリオのキャリアチェンジの場合でも、「○○事務所パンフレット」は、強力な販促ツールとして活用ができます。また、自分の仕事を客観的にリーフレット化することにより、商品として不足している部分もわかってきますので、スキル・経験の磨き上げにも役立ちます（不足部分は、補強して商品にすればいいのです）。

「55歳過ぎたら気持ちは個人事業主」、シニアが仕事を行う場合の大事なマインドセットです。

3 状況別シニアの実践的キャリア選択術
～タイプ別おススメシナリオ選択～

65歳を超えても働き続けるためには、最終的には「独立起業」シナリオを選択することになりますが、そこに至る道筋は人それぞれです。タイプ別におススメのコースを解説させていただきます。いずれの場合でも、「無理して体を壊してまで働くことはない」という絶対原則が適用されます。

●リスクを極端に恐れるあなた

☑ ①「今の会社に勤め続ける」シナリオを選択し、今の業務で専門性を磨きつつ、想定外の会社業績悪化、M&Aによる経営方針の大幅変更など外部環境の変化に備えて、④「独立起業」シナリオで対応する。

ご自身の実績に自信のあるあなた

☑ ④「独立起業」を視野に入れつつ、リスク回避のために①で週末起業的に2〜3年商売の武器を磨いて、④「独立起業」を果たす。

出向を打診されそうなあなた

☑ ③の「出向」を不足スキル獲得、現有スキルの磨き上げのチャンスと前向きに捉え、ご自身のスキル・経験の磨き上げを行った上で④「独立起業」を目指す。

今すぐに解消しなければならない事情(「精神的・肉体的にもう無理」)を持つあなた

☑ 背に腹はかえられません。①「今の会社に勤め続ける」シナリオで可能な限り準備を進めた上で、当初の年収減額を覚悟の上で②「転職」、④「独立起業」を選択する。

☑ **「体を壊してまでする仕事はこの世の中にない」というのが、キャリアの大原則です。体を壊すような高ストレス、過重労働からはとっとと逃げる**ことです。取り返しのつかない事態になります。

〈シナリオ別、向いているタイプ分類〉

①「今の会社に勤め続ける」シナリオ

☑ 会社の人口ピラミッドでもシニア層が極端に少なく、今後もシニア層が戦力として活躍を期待されている会社に勤務されているビジネスパーソン

☑ 役職定年がなく60歳以降も普通にラインの管理職としてシニア層が活躍している会社に勤務されているビジネスパーソン

☑ 65歳を超えても70歳、75歳まで働ける限り働き続けられる会社に勤務されているビジネスパーソン

☑ 超優良大企業の社員で60歳以降も好条件の処遇が見込める場合で65歳以降は働く気がない（働く必要がない）ビジネスパーソン

②「転職」シナリオ

☑ 「精神的・肉体的にもう無理」と追い詰められているビジススパーソン

先ほども書きましたが、**「体を壊してまでやる仕事は無い」**です。長年一社に勤務したビジネスパーソンほど、「今の会社を退職」＝「食っていけない」と短絡思考に陥りがちですが、大丈夫です。**今の日本では「食っていけます」**

☑ 50歳を過ぎてもヘッドハンターから頻繁に電話がかかってくるビジネスパーソンで、なおかつ今の会社に**耐えられないほど大きな不満**を持っているビジネスパーソン

③「出向」シナリオ

☑ 出向先を会社が斡旋してくれる恵まれたビジネスパーソン全員

④「独立起業」シナリオ

☑ 「雇用」から「業務委託契約」への転換が可能な（可能性のある）企業にお勤めのビジネスパーソン

☑ **今担当している仕事**で「業務委託でサポートしてくれないか」とのお誘いを現時点で

受けているビジネスパーソン

☑ **副業・兼業ＯＫの企業にお勤めのビジネスパーソン**

☑ 55歳から着実に準備を進めた60歳以降のシニア全員

4 シニアの働き方戦略の基本コンセプトまとめ

シニアからのキャリア戦略をおさらいしたいと思います。

●基本コンセプト

☑ **「細く、長く、エイジレスで」**

シニアからのキャリアチェンジに「一攫千金」「一旗あげる」という概念はありません。収入面も一時的な高さではなく、長く続くことで面積として最終的に収支が取れればいいという考え方です。

ゆとりある老後に必要な資産は1億円以上とよく言われますが、大事なのはストックではなくフローです。額は少なくても毎月生活できるだけの日銭が入ってくるキャリア戦略こそ重要です。

いくら1億円貯めても、いざ使おうというときに気力も体力も無くなっていては本末転倒です。

☑ **「経験こそ商品」**

今まで長年培ってきた経験・スキルこそがシニアの財産です。この資産を活用することで若手・ミドルと差別化します。

☑ **「初めは現状維持」**

初めは、現状をそのまま継続した場合に想定される給与水準を維持することを目指します。ここから、枝を広げていきます。

☑ **「キャリアは複線化」**

一か所に依存することなく、複数の関与先と仕事をしていくことを目指します。現在の兼業・副業禁止の緩和の流れは追い風です。また、一か所に依存しない働き方は、精神的にもストレスフリーで健全です。

どんな仕事をやる場合でも「副業」意識ではダメです。メイン・サブという関係の「副業」ではなく、どのクライアントとも真正面から向き合う「複業」スタンスでないと失敗します。

「月3万円ビジネス」という言葉を聞いたことがありますか？

日本大学客員教授の藤村靖之さんが提唱されている考え方で、月3万円のビジネスのネタを見つけて複数取り組んでビジネスとするというものです。月3万円という価格設定が絶妙です。

3万円であれば少額すぎてライバルは参入してきません。シニアのキャリアは戦略も3万円ビジネスの考え方です。小さな3万円業務を10個作れば30万円です。

☑「雇用形態にこだわらずに多様な雇用ポートフォリオを実現する」

「雇用」にこだわることなく、兼業、業務委託、請負、派遣などあらゆる働き方を組み合わせて、目標とする収入ややりがいを達成します。

5 シニアからの独立起業のハードルは意外に低い

エイジレスで働けるまで働くことがシニアからのキャリア戦略の基本です。このためには、最後は勤め人から脱却して「独立起業」を達成することが最終ゴールになります。

実は準備する内容は、どのシナリオでもそれほど変わりません。今までの経験・スキルを「見える化」して、それを使って実務で活用しながら相手に伝えるスキルを磨くことが基本になります。

「雇用されていても気持ちは個人事業主」のスタンスで今の仕事に取り組もうと前にも書きましたが、個人事業主マインドで仕事をしていると、仕事を受け身ではなく前向きに捉えられるようになります。このマインドセット効果は大きく、自分でかってに設定していた仕事の枠が意識を変えるだけでどんどん広がっていきます。

「独立起業」する気持ちで準備を進めておけば、シニアに想定されるありとあらゆるシナリオに対応できます。

長年企業に勤めていると、「独立起業」は「清水の舞台から飛び降りる」ような感覚になりますが、シニアからの独立起業（特に60歳過ぎてからの独立起業）は「自宅の2階ベランダから手すり付の階段を使って1階に降りてくる」程度のものです。

ポイントは、**「自分のキャリアは自分で決める。決めたら、行動する」だけです。一歩前に踏み出せば、見える景色は必ず変わります。**

6 準備万端、定年過ぎたら次のシナリオ選択の舵を切る

２０１６年2月、ロート製薬が週末や終業後に他社やＮＰＯ法人で働いて収入を得ることを社員に認めると発表して大きな話題になりました。その後も兼業・副業解禁を認める意見が相次いでいます。

２０１６年8月には、「兼業や副業は当たり前に」と厚生労働省の有識者会議「働き方の未来２０３５」懇談会で提言がなされました。経済同友会も「兼業禁止規定の緩和を」とこうした動きに同調しています。

また、２０１６年11月に厚生労働省は、働き方改革の一環で兼業・副業を後押しするため、企業の参考となるような標準的な就業規則を改正する方針を打ち出しています。現在のモデル就業規則は兼業・副業を禁止していますが、容認する様式に改正するというのです。中小企業は、厚生労働省のモデル就業規則をベースに自社の就業規則を作成することが多いですので、中小企業への兼業・副業解禁を進めたいという意思の表れです。

準備したシニアにとってこうした流れの変化は大きなチャンスです。今の企業に勤めな

から、違う企業、ＮＰＯ法人、地域などで活躍する機会が増えるからです。

失業給付についても変化の兆しが見られます。以前は、「自営を開始または自営の準備に専念する人」は厚生労働省の通達で給付の対象外となっていました。私も新卒から30年間雇用保険を納め続けてきましたが、退職と同時に独立準備を開始したため、失業給付は一切受け取っていません。

しかし、政府は成長戦略で起業率を現状の２倍の10％に高める目標をかかげており、厚生労働省もその方針にそって、失業給付にかかる通達を脱サラ起業者に有利に見直しました。

具体的には、２０１４年7月22日に厚生労働省が出した「求職活動中に創業の準備・検討をする場合」を給付対象にするとの通達がそれです。

以前は給付の対象とならなかった「事業許可の申請をしている」「事務所を借りる家賃交渉を始めた」といった起業の準備段階においても自営業者とみなさず失業手当が支払われることが正面から認められました。

もちろん、単に起業を準備しているだけではなく、「並行して求職活動もする」ことが給付の条件となります。

現在50代のシニアの皆さんが定年を迎えるときには、この流れはますます活発化し、もはや当たり前になっている可能性が極めて高いのです。

こうした時代の流れの中でも、60歳でキャリアチェンジする勇気のあるシニアはほとんどいません。国がいくら働き方改革を仕掛けても、**シニア自身がチャレンジするマインドを持たなければ状況は変わりません。**その結果として企業・シニア双方が不満を抱えながら60歳から65歳は、企業内に飼い殺しになっているのです。

「熟年力」と「シニアの3つの武器」をしたたかに磨き上げて準備したシニアにとっては、兼業・副業OK、独立起業への失業給付の条件緩和という流れは、大きなチャンスです。

兼業・副業OKであれば、今の会社の仕事をキープしながらそれ以外の仕事に安心してチャレンジできます。あるいは、会社を退職した場合でも、準備期間であれば失業給付を受給でき、当面のセイフティネットになります。

こうした時代の流れも意識しながら60歳定年のタイミングで、エイジレスな働き方の実現を目指してシナリオをあらためて選択する、これがシニアにとって理想的かつ現実的なキャリアチェンジです。

7 キャリアチェンジのタイミングを判断する基準は何か

もちろん60歳定年が大きなターニングポイントになります。それ以外のタイミングはどうでしょうか（60歳前にキャリアチェンジしたくなったビジネスパーソンもいるかと思います）。

タイミングを考える際に参考になるキャリアの考え方があります。クランボルツの「計画された偶発性理論」です。この「計画された偶発性理論」はスタンフォード大学のクランボルツ教授が提唱した理論で、今最も影響力のあるキャリア理論の一つです。

その内容は、極めてシンプルです。要約すると、

・キャリアの8割は予期しない出来事や偶然の出会いによって決定される

・その予期しない出来事を待つのではなく自ら創り出せるように積極的に行動し周囲の出来事に神経を研ぎ澄ませ、偶然を意図的・計画的にステップアップの機会として変えていくべき

というものです。

そのクランボルツの著書『その幸運は偶然ではないんです！』（花田光世他訳、ダイヤモンド社）より、重要な指針を取り上げてみます。クランボルツがあげる重要な行動指針は、

①想定外の出来事を最大限に活用する
②選択肢はいつでもオープンに
③目を覚ませ！　夢が現実になる前に
④結果が見えなくてもやってみる
⑤どんどん間違えよう
⑥行動を起こして自分の運をつくりだす
⑦まずは仕事に就いてそれからスキルを学ぶ
⑧内なる壁を克服する

というものです。いかがでしょうか。

55歳でマインドセットして、自らの「専門性」「人脈」「対面力」を磨き続けていると必ずチャンスが飛び込んできます。そのチャンスを活かせばいいのです。そのタイミングは意外に早く60歳前ということもあるでしょう。

シニアからのキャリアチェンジは、60歳定年を一つのマイルストーンにして、その前にチャンス（準備のあるビジネスパーソンにとってはリストラも「チャンス」です）が飛び込んできたら、迷うことなく前向きに対応していけばいいのです。不思議なもので、マインドセットをして準備していると、ラジオの周波数が合うように今まで聞こえなかった情報がアンテナに飛び込んできます。

具体的なタイミングの判断基準は、社内外からの自分の専門領域での相談があるかないかです。有償・無償は問いません。友人知人、紹介などルートも関係ありません。自分の専門とする領域で社内外から「意見を求められた」「解決策を相談された」ことがあれば、あなたの仕事に間違いなくニーズがあるという証拠です。

「相談される」＝「困っている人がいる」＝「その内容は商品になる」ということです。

無償&スポットの相談にのっているうちに、自分の知識の不確かな部分、足りない経験もわかってきます。その部分は日々の業務を通じて補っていけばいいのです。ネット時代の現在、ベースさえあれば、いくらでも必要な知識は得られます。

また、どんな小さなグループでもいいので、自分の業務を説明する機会があれば話をしにいく、あるいは、説明するチャンスを積極的に自分から作っていくことも重要です。初めは自己紹介レベルの内容でOKです。あなたが何をしている人なのか、ここが周知されていないと相談も来ません。

実際に話をしてみることで、いかに自分の仕事（専門領域）が「商品」として仕上がっていないか、わかります。また、実際に説明することで、「わかりやすく伝える力」を養うことができます。

「無償・スポットでの相談」が「有償・定期的にお手伝いいただけないか」となればもう既に機は熟しています。週末起業的に準備を進め、**雇用にこだわらず様々な働き方を組み合わせながら「60歳以降にも見込まれる給与」と同程度の収入が見込まれる**のであれば、GOすればよいのです。

「60歳再雇用時に見込まれる給与」とは、「ずいぶん志が低いな」と思われるかもしれません。シニアの独立起業は、「細く・長く・エイジレスで・複線で」がコンセプトです。小さく始めて徐々に枝葉を伸ばしていけばいいのです。

初めは「現状維持あるいは現状マイナス」でOKです。たとえ「マイナス」スタートでも、**マイナス分と交換で獲得した「自由度・弾力性」で十分おつりが来ます。**あとは活動さえしていれば、次第に関与先は増えていきます。

「55歳から始めてももう遅い、悪あがきしてもムダ」と悲観する必要はまったくありません。自分で気づき、実際に行動し始めた時点で、思考停止状態になっている他のシニアとは大きな差がスタートラインからついているのです。

8 独立業務請負人（インディペンデント・コントラクター）という働き方

本書でご紹介したインディペンデント・コントラクター（IC）は、サラリーマンでも、事業家でもなく、フリーエージェントである働き方です。「期限付きで専門性の高い仕事」を請け負い、雇用契約ではなく業務単位の請負（業務委託）契約を「複数の企業」と結んで活動する働き方です（インディペンデント・コントラクター協会HPより）。

IC先進国アメリカでは既に1000万人近くのICが働いているとされていますが、日本も今後の兼業・副業緩和の大きな流れの中、ICという働き方が拡大すると言われています。

日本にも特定非営利活動法人インディペンデント・コントラクター協会というＩＣを会員とする組織があり、私も独立当初から会員になっています（２０１６年６月現在会員数は、１１２名）。若手からシニア層まで幅広い人材が会員になっています。

このＩＣという働き方は、実は先ほどのシニアのキャリア基本コンセプトに合致しています。ＩＣの基本コンセプトは、「雇われない・雇わない」ですが、私もこの働き方を知って感銘を受け、この道を目指してきました。

専門としている分野は様々です。人事、経理、総務、採用サポート、セミナー講師、ＩＴサポート、経営コンサルタント、現在世の中にある仕事は全て対象になります。

コンサルタントと似ていますが、私はこのように違いを理解しています。

☑ コンサルタント

顧客企業の外から客観的に企業を分析し、経営者にレポートします。会社の中ではなく、外からアプローチするイメージです。社内に入るとしても執務スペースではなく、会議室や隔離されたプロジェクトルームまでです。

☑ インディペンデント・コントラクター

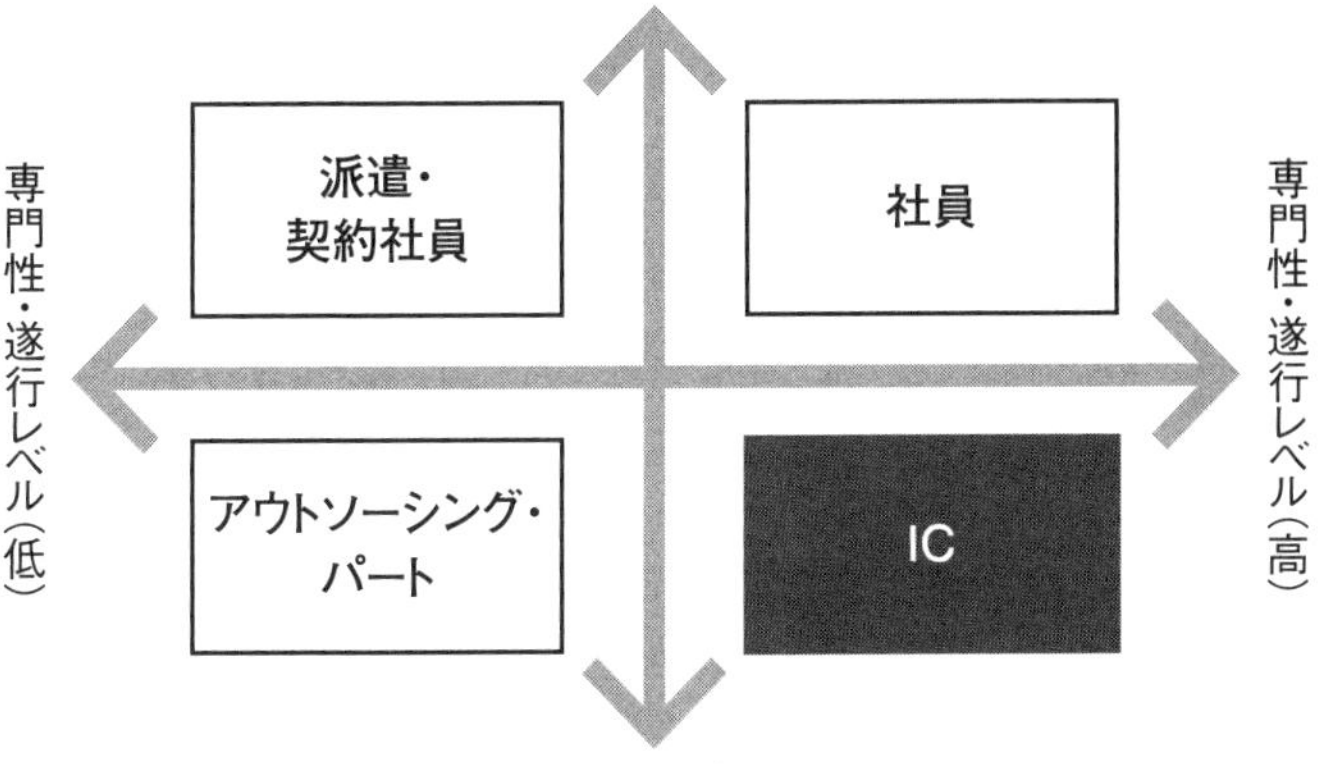

企業の**オフィス内に入りこんで実務をサポート**します。場合によっては、席もパソコンも準備されているケースもあります。多くの場合は、業務委託契約に基づいて、期間とサポートする内容を限定してサポートします。

企業側も「必要な時に必要なだけ」専門性の高い領域にコミットし業務を遂行してもらえますので、確実にプロジェクトを成功に導き、且つコスト面でもメリットが高い働き方です。

働く側の価値観も多様化する中、国も多様な働き方実現に向けた取り組みを活発化させています。また、日本の急速な労働力人口減少を補うためには、女性活躍推進と高年齢者の活用が必要不可欠です。

また、団塊の世代が全て75歳以上になる２０２５年以降、この世代の介護問題が深刻化すると見込まれています。

今後会社の中核で働く団塊ジュニア世代が親世代（団塊の世代）の介護のために離職せざるをえない、あるいは長期の休業を強いられるケースが間違いなく増えてきます。団塊ジュニア世代は、これから企業で中核的な役割を担っていきますので、この層の就業中断や退出は、会社業績にも致命的な影響を与えかねません。

こうした背景を受け、国もテレワーク、短時間勤務、キャリアアップ（非正規から正規への登用制度）、ホワイトカラーエグゼンプション（時間ではなく成果で働く）、そして先ほどの兼業・副業禁止の緩和などを推進しています。

こうした状況こそ、「必要な時に必要なだけ」専門性の高い領域にコミットし業務を遂行するＩＣの出番です。また、ＩＣの担い手として最もふさわしいのが、今までの長年の経験・スキルを磨き上げたシニア層です。

例えば、専門性の高い管理職が育児休業や介護休業を取得した場合は、新たに人を雇うわけにいきません。というのも休業期間が終了すれば、育児休業を取得していた管理職は職場に戻ってくるからです。

また、そもそもマネジメントなど専門性の高い経験を要する業務を派遣で充当することも難しいですし、1年程度の短期間の募集では応募する人もほとんどありません。どうしても少しでも長く働くことができる案件を希望するからです。

その点、シニア層の働き方の基本戦略でもご紹介したとおり、シニアは雇用にこだわる必要はありませんので、まさに適任です。こうした一時的な要員の場合でも、その期間だけシニアICに業務を頼むことで、休業中の管理職の抜けた穴を補うことができます。

自動車工場の車両組み立てラインには、リリーフマンと呼ばれる人がいます。ラインでトラブル（気分が悪くなった、不具合が発生した等）が発生すると、作業者は組み立てライン脇につるされたひもを引いてリリーフマンの助けを求めます。リリーフマンは、全ての工程に習熟した作業のスペシャリストですので、即座にトラブル対応をこなし、ラインが平常に戻ると、何くわぬ顔で去っていきます。

これからのシニアが目指す姿は、**世代間を超えた偉大なる社会のリリーフマン**です。長年の経験と高度な専門スキルを持つシニアがこうした社会的課題解決の担い手として活躍することこそ、文字通り一億総活躍社会の実現であり、向かうべき姿です。

多様な働き方実現という国家的課題の解決は、長年の経験とスキルを磨き上げたシニア層の双肩にかかっているといっても言い過ぎではないのです。

企業に所属していないことは確かに不安です。しかし、これからの時代は、「企業に所属していないこと」が不安ではなく、**「フレキシビリティ」という強み**になります。

9 超実践的なシニアからのICデビュー術

どうすれば、IC的な働き方が実現できるでしょうか。シニアにとって一番簡単かつ現実的なルートは、「定年退職」のタイミングで、「今担当している業務」で、「現在勤務している会社をクライアント」として契約する方法です。

60歳定年退職時には、いずれにしても会社とあらためてなんらかの契約を締結することになります。通常は雇用契約しか頭に浮かんできませんが、それをインディペンデント・コントラクターとして業務委託契約に切り替えるのです。

この契約には企業・シニア双方にＷＩＮ-ＷＩＮのメリットがあります。

まず、企業側は、社会保険会社負担分や給与以外に負担している福利厚生費用を削減することができます。企業の負担は給与だけではありません。大企業で給与の1・8倍、中小企業でも1・5倍の労務費コストを実は負担しています。

雇用から業務委託契約に切り替えることで、この部分が削減できますので、企業にとっては、例えば月次の契約金額に変更がなければそれだけでコストメリットがあります。

また、多くの企業では、人員を「今、何人雇用しているか」（ヘッドカウントと言います）で管理していますので、業務委託契約に切り替えることでその頭数管理の対象から外すことができます（人事部管理の労務費ではなく、自部署の経費になる。派遣社員を企業が利用する大きな理由の一つです）。

それではシニア側のメリットにはどのようなものがあるのでしょうか。

まずは、雇用ではありませんので、就業規則の適用は受けません。よって副業・兼業禁止規定も関係ありません（その代わりに秘密保持契約等を締結する必要がありますが、雛形はＩＣ協会にありますので心配することはありません）。

この効果は大きいです。複数のクライアント先と契約してパラレルに仕事が可能になるからです。

ビジネスパーソンの悩みは、「人間関係」が原因と言われます。四六時中顔を突き合わせ、生殺与奪権を握られていると思うからつらいのです。独立してＩＣ的に働くようになると、まずは指揮命令関係もありませんし、仕事相手もクライアント別にその日によって異なりますので、この方面のストレスはほとんどゼロになります。どうしても、相性が悪ければこちらからお断りもできます。

こうした精神的な安定感は、収入源を複線化しているが故にできることです。一つのところへの全面依存は、精神的にも経済的にもリスクです。

次には、（非常に実利的な要素になりますが）厚生年金の被保険者ではありませんので、業務委託で報酬を受け取っても勤め人のように年金が減額される（在職老齢年金と言います）こともありません。

個人事業主として働いた分は、まるまる収入となり、65歳以降の年金も減額されることなく全額支給されるのです。それだけではありません。厚生年金の被保険者ではありませんので、個人負担分の厚生年金保険料の支払いもなくなります。

代わりに国民健康保険や（年齢によっては）国民年金は自己負担となりますが、計算してみるとわかりますが、それほど大きな額ではありません。

最近は、社員だけではなく、プロジェクトごとにその分野の専門家が集まり、仕事を行

60歳で独立起業シナリオ

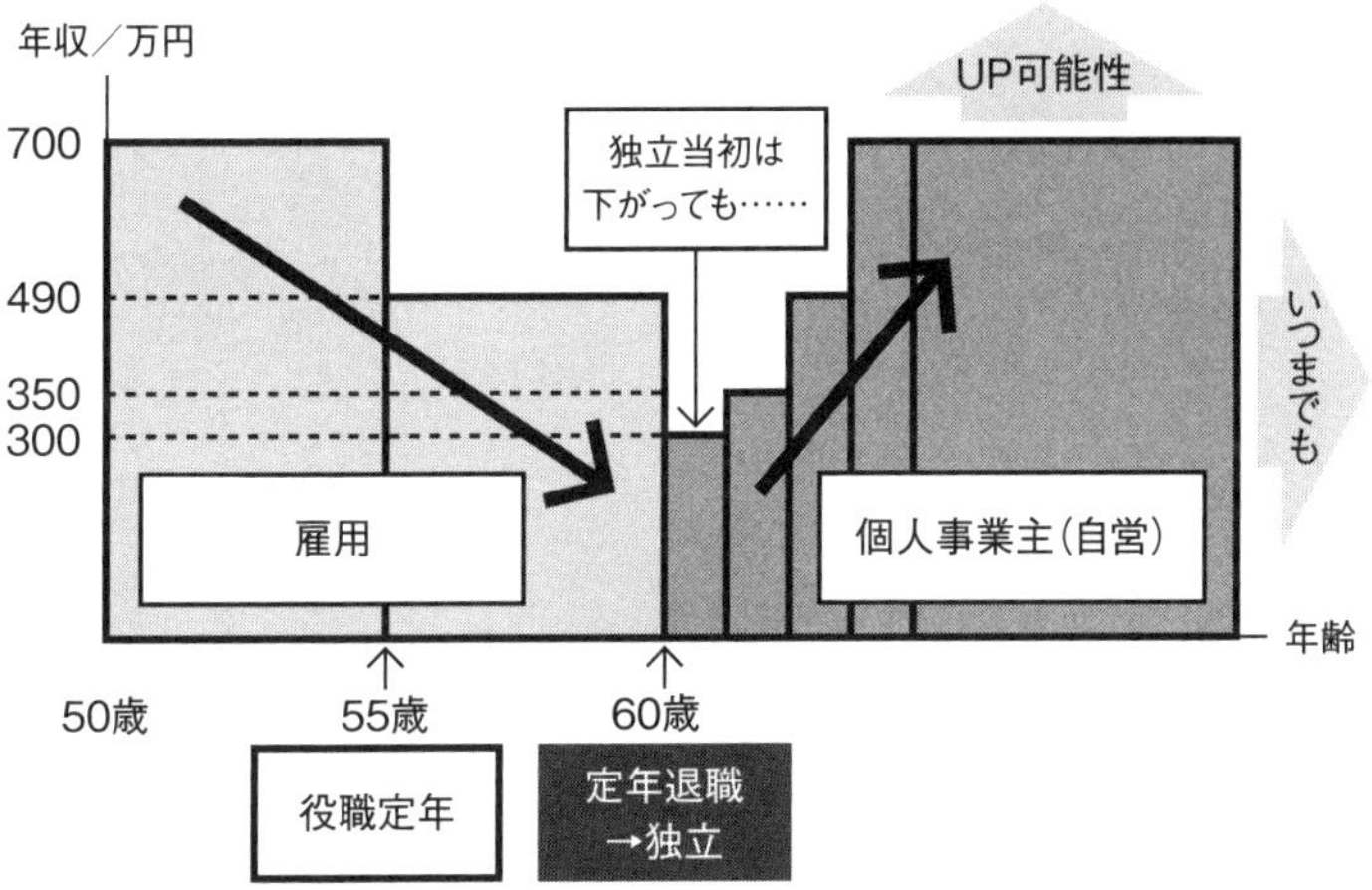

うケースが増えています。あなたもそのメンバーになってしまえばいいのです。社内のルール、人脈にも精通していますし、これ以上の即戦力はありえません。

社会保険会社負担分などのメリットは受けられませんが、再雇用契約と同額での業務委託契約への変更を逆提案してはいかがでしょうか。独立業務請負人との契約については、企業も柔軟に対応するようになっています。

今後テレワーク化も進みますので、毎日満員電車で通勤することもなく、在宅で委託業務を行い、その成果はＴＶ会議等で報告という方法もこれからは当たり前になります。

「55歳でマインドセット」→「5年間の準備」→「60歳から現在の会社でICとして業務委託契約締結」→「契約先の複数化」はシニア独立の王道です。このルートを意識し、今からしたたかに準備を進めた者勝ちです。

こうした提案に対して会社が受諾する可能性は相当あると思いますが、もし提案がダメだったら、「あっそうですか」と提案を引っ込めるだけです。あとは高年齢者雇用安定法の雇用継続のレールに再び乗ればいいのです。今の会社で再雇用契約を継続しつつ、他でのチャンスを虎視眈々とうかがえばいいのです。

今の企業で契約が締結できれば、独立当初の経済的な不安も解消し、今後の事業拡大のベースとなります。交渉する価値大のシニアにオススメの独立ルートです。会社に雇用されるという前提を外すだけで、あなたの未来は大きく広がります。

□超高齢社会のモデルとなる働き方こそ「定年のないエイジレスな働き方」

総人口に対して65歳以上の高齢者人口が占める割合を高齢化率と呼びます。高齢化率が7％を超えた社会を「高齢化社会」、14％を超えた社会を「高齢社会」、21％を超えた社会を「超高齢社会」と世界保健機関（WHO）や国連が定義していますが、日本では1970年に高齢化率が7％を超え、1994年に14％を突破し、2007年には21％を突破しました。今の日本は、この定義に当てはめるともう既に「超高齢社会」に入っているのです。

ちなみに2015年の日本の高齢化率は26・7％（平成28年版高齢社会白書）で、世界一。もはや超超高齢社会とも言える急激な高齢化に直面しています。人口問題研究所の予測では2020年に高齢化率は29・1％、2040年には36・1％に達するという予測が立てられています。

日本では老年人口の増加と同時に年少人口（0〜14歳）の減少も同時に進んでいるため、少子化と合わせ「少子高齢化」と呼ばれることが多いのはご承知のことだと思います。

しかしながら、悲観することはありません。日本は、高度成長という時代の恩恵も受け、終身雇用制という長期でのじっくり時間をかけた人材育成方法により、知識も経験も豊富なシニア層という厚みある人的資源を確保することができているのです。

また、一方で2017年1月には、日本老年学会と日本老年医学会が、現在の「65歳以上」とされる高齢者の定義を「75歳以上」に引き上げるべきとする国への提言を発表しました。医療の進歩や健康意識の高まりで現在の高齢者は10〜20年前に比べ5〜10歳若返った状態にあるというのが、その提言の根拠です。

止めることのできない労働力人口減少の流れの中で、日本の活力向上に貢献する潜在的なパワーを有しているのが我々シニア層です。

企業の定年制といった社会基盤の整備はこうした流れについてきていません。企業も60

歳定年制の見直しには慎重です。「75歳まで現役」に向けた制度面でのハードルは高く、国や企業頼みの待ちの姿勢では対応できません。

こうした環境変化のなかで、我々シニアは正社員という雇用形態に汲々とする必要はありません。子育てに忙しい我々の子ども世代の若手に正社員の席を積極的に明け渡し、自営を含む多様な働き方を組み合わせて、シニアの豊富なノウハウを徹底的に使い切ることが求められているのです。

幸いにして国もシニアの起業に対しては支援の方向性を打ち出しています。これからの産業間の雇用ギャップの橋渡しを行うのは我々シニアの役割です。

こうした世界に類を見ない超超高齢社会において、定年のないエイジレスな働き方が実現できれば、世界的な課題である高齢社会の好モデルになります。

電通事件など長時間勤務が大きな社会問題になっています。目に見えない閉塞感に覆われた日本社会ですが、若手・ミドル層が後に続きたいと思えるような新たな働き方を提案することも現在のシニア層の役割であり責務です。

□遅くとも65歳以降は独立起業することを念頭にキャリアプランを考える

私が生まれた1961年（昭和36年）には、働く人の5人のうち1人（21・9％）が自営で働いていましたが、その比率は年々下がり、2010年には、9・3％となっています。

自営業という働き方は決して特殊な働き方ではありません。更に遡って1953年（統計局のデータで最も遡れるデータ）では、日本人の約6割は独立して働いていたのです。私の両親は、宮城の農村から上京し勤め人として働いてきましたが、その上の祖父母以前の時代になると、全員先祖伝来の農業という自営業です。そうです、勤め人という働き方は、決して昔から当たり前の働き方ではないのです。

現在の中国のように、農村から都心へ労働力を集め、工業化を推し進めるためのある特定の環境下での働き方に過ぎないのです。

少子高齢社会への中、日本人の働き方も当然環境変化に伴って変わっていく必要があります。これまでは、大量生産を前提として、全員が毎日決まった時間に出社し、（従業員の定着が何よりも最優先ということで）社宅などの福利厚生制度も整備し、長く勤めれば勤めるほど給与も退職金も増えるといった人事制度を適用してきました。

日本市場が人口減少によりどんどん縮小する中、日本企業は、その販路をどうしてもグローバル市場に求めなければなりません。また、海外市場にマッチした商品を開発し、提供するためにも、どうしても日本企業は日本だけで通用する働き方に留まらず、外国人を含んだダイバーシティ的な働き方を目指していかなければなりません。

こうした環境変化の中、もはや新卒から定年まで一社勤続という働き方は成り立ちえないキャリアプランになっています。

労働力人口の減少という大波は、「男性一社長期勤続&女性専業主婦」を前提とした就労モデルをもう許してはくれません。一度結婚・育児により労働市場から退出した女性の仕事への復帰は当然のこととして既に織り込み済みなのです。

また、これから顕在化する団塊ジュニア世代の親の介護を理由とした長期離職リスク解消も大きな課題です。

こうした諸課題に対応するためには、やはり多様な就労ニーズを幅広く受けとめる多様な働き方の実現が必要です。

少し前までは、カバンに資料を詰めて重い荷物を担いで移動しないかぎりＩＣという働き方は成り立ちませんでした。それが今やクラウドの発展により、私のようなＩＴ音痴でも気軽にパソコン・スマホなどの各種端末により遠隔からも情報にアクセスできます。

また、ＴＶ会議の導入により、海外国内含め出張も必要なくなってきており、国もテレワークの導入を推進しています。

こうした働く環境の大きな変化に対して、雇用にこだわらず多様な就労形態を組み合わせて働くＩＣ的働き方は、将来モデルとなる働き方であり、シニアは先陣を切ってこうした働き方の担い手となっていく必要があります。

私は、**「雇われない・雇わない」**というインディペンデント・コントラクターという働き方に感銘を受け、その道を選びました。先ほど自動車組み立てラインのリリーフマンを例えにしましたが、私の描くもう一つのインディペンデント・コントラクターのイメージは、水先案内人（パイロット）です。

水先案内人は、東京湾など多くの船舶が行き交う港などで、その港の状況に精通することが困難な外航船や内航船の船長を補助し、船舶を安全かつ効率的に導く専門家です。小さなボート（水先案内船）で巨大客船に近づき、ジャンパー姿で縄ハシゴを使って船に登り、船長に操船を指示します。そして、役割が終わると再び小さなボートで戻っていきます。

地方では、中央のプロフェッショナルなシニアの力を活用して地域活性化につなげようとする取り組みも始まっています。

また、今後は親の介護で地元へ戻る必要も増えてきます。都心の会社を辞めて介護に専念するという発想から、セカンドキャリアは自分の地元へ戻って長年培ってきた経験・ノウハウを活かすという発想も必要です。給与など労働条件は下がる可能性が高いですが、柔軟な介護対応を果たしつつ、生まれ故郷の活性化にひと肌脱ぐことでお金に代えがたいやりがい、社会的意義を感じることも可能です。

長い時間をかけて奥深いノウハウや知識を蓄積し、濃密な人的ネットワークを形成してきたシニアの経験・スキル・人脈を活かさない手はありません。

幸い世界に通用する若いグローバル人財の育成も進み、どんどん世界に羽ばたき始めています。

介護、育児など若い世代の活躍を妨げかねない課題解決にシニアが貢献できる余地はたくさんあります。シニア世代も若手から「働かないオジサン」とお荷物扱いされている暇はないのです。

雇用の流動化の必要性が指摘されていますが、学生の就職ランキング上位には、相変わらず銀行、保険会社など私の学生時代と変わらない業種があがっている状況です。介護、医療、IT、農業など積極的に人的パワーの投入が必要な分野に、初めの投入段階からアンマッチが生じているのです。

なかなか進まない雇用の流動化ですが、雇用に縛られないシニアこそ、まずは産業間の人的アンマッチ解消の尖兵としての役割を担うべきと考えます。

「65歳以降は独立起業して地域・社会に恩返し」を合言葉にシニア世代が雇用に関するパラダイムチェンジの役割を果たすことは極めて重要です。

「最後は独立起業」という時代がそこまで来ているのです。

２０１７年４月

木村　勝

［著者］
木村 勝（きむら・まさる）
中高年専門ライフデザインアドバイザー。電気通信大学特任講師。行政書士（杉並支部所属）。1961年東京都板橋区生まれ。一橋大学社会学部卒業後、1984年日産自動車に入社、人事畑を25年歩み続けた。500名を超える海外駐在員の労働条件管理、延べ1,000人を超える面談を経験する。2006年社命により日産自動車を退職し、全員が人事のプロ集団という関連会社に転籍。中高年の第二の職業人生を斡旋する部門の部長として、中高年の出向促進に従事。2014年独立。人事業務請負の「リスタートサポート木村勝事務所」開設。30年間で培った知見を元に後進を指導。独立後も民間企業内人事部に籍を置き、日々発生する人事課題に対応する現役の人事マン（独立業務請負人）の顔も持つ。本書が初の著書となる。

リスタートサポート木村勝事務所
http://www.restart-ic.jp/

働《はたら》けるうちは働《はたら》きたい人《ひと》のための キャリアの教科書《きょうかしょ》

2017年5月30日　第1刷発行

著　者　木村《きむら》　勝《まさる》
発行者　友澤和子
発行所　朝日新聞出版
〒104-8011
東京都中央区築地5-3-2
電話　03-5541-8814（編集）
03-5540-7793（販売）
印刷所　大日本印刷株式会社

Published in Japan by Asahi Shimbun Publications Inc.
ISBN978-4-02-331598-3